J. Krishnamurti

Charlas públicas en Ojai, California, 1955

Tal como somos

Liberar la mente de los condicionamientos

editorial Kairós

Título del original inglés: As One Is – To Free the Mind from All Conditioning

La presente edición en lengua Española ha sido contratada – con la licencia de la Krishnamurti Foundation of America (KFA) www.kfa.org e-mail: kfa@kfa.org, y la Krishnamurti Foundation Trust Ltd (KFT) www.kfoundation.org e-mail: kft@brockwood.org.uk - con la Fundación Krishnamurti Latinoamericana (FKL), www.fkla.org e-mail: fkl@fkla.org

Fotocomposición: Moelmo, SCP. Girona, 53. Barcelona
Diseño cubierta: Katrien van Steen

Primera edición: Abril 2013
Segunda edición: Julio 2023

ISBN: 978-84-7245-764-5
Depósito legal: B 7.425-2013
Impresión y encuadernación: Ulzama digital

Este libro ha sido impreso con papel que proviene de fuentes respetuosas con la sociedad y el medio ambiente y cuenta con los requisitos necesarios para ser considerado un "libro amigo de los bosques".

«Si uno desea encontrar la verdad debe estar completamente libre de todas las religiones, de todo condicionamiento, de cualquier dogma o creencia, y de toda autoridad que obliga a seguir, lo cual, en esencia, significa estar realmente solo, y eso no es nada fácil...».

Sumario

Prólogo 9

Primera charla
Condicionamiento y conocimiento propio 15

Segunda charla
Atención, concentración, confusión, claridad 33

Tercera charla
Comunicación, virtud, atención 55

Cuarta charla
Mejorar, revolución, progreso 75

Quinta charla
Control, hábitos, atención, paz 97

Sexta charla
Decir: «No sé», la muerte, lo sagrado, Dios 117

Séptima charla
La violencia, la soledad, los sueños 139

Octava charla
El individuo, lo colectivo, la libertad, lo eterno 163

Fundaciones 185

Prólogo

«Permanecer solo es ser íntegro, inocente, estar libre de toda tradición, de dogmas, de opiniones, del que dirán, y de todas estas cosas. Una mente así ha dejado de buscar porque no hay nada que buscar; como es libre, esa mente está en completa calma, sin demanda o movimiento alguno. Ahora bien, ese no es un estado que pueda lograrse, no es algo que pueda conseguirse por medio de la disciplina, ni surge renunciando al sexo o practicando cierta clase de yoga, tan solo surge cuando se comprende el movimiento del "yo", del mí, que se expresa a sí mismo a través del consciente en todas las actividades cotidianas, y también a través del inconsciente. Lo que realmente importa es comprender por uno mismo, y no según la orientación de otros, el contenido total de la conciencia, comprender que está condicionada, que es el producto de la sociedad, de la religión, de diversas influencias, impresiones y recuerdos; es comprender todo ese condicionamiento y liberarse de él. Sin embargo, no existe ningún "cómo" para ser libre, si pregunta "cómo" ser libre es porque no está escuchando».*

* Véase página 45.

Estas palabras cuestionan el proceso del movimiento tradicional de la conciencia humana que acepta la idea de progreso y de logro espiritual por medio del tiempo, con sus respectivos métodos para alcanzar esa meta; cuestionan profundamente el condicionamiento del "cómo" en la vida interna, con sus conclusiones de autoridad espiritual, creencias, conformismo, y el concepto mismo de "buscar".

Estas charlas señalan la importancia de comprender lo que uno es tal como verdaderamente somos en las situaciones reales de la vida cotidiana, y no lo que deberíamos ser según los valores sociales establecidos, según las ideas religiosas o según las propias proyecciones futuras. Nos invitan a comprender por nosotros mismos estas investigaciones y no simplemente a aceptar lo que se dice como si fuera la verdad. En la última de estas charlas, un interlocutor que ha llegado a un punto muerto pregunta: «¿Y ahora qué?». Al abordar este inexplorado océano podemos considerar la siguiente respuesta:

«¿Está experimentando con mis enseñanzas o lo está haciendo consigo mismo? Espero que vea la diferencia. Si lo que hace es poner a prueba lo que yo digo, entonces es normal que pregunte «¿Y ahora qué?», eso indica que está intentando conseguir un resultado que cree que yo tengo; piensa que tengo algo que usted no tiene y si experimenta lo que yo digo también lo obtendrá. Esto es lo que hacemos la mayoría, abordamos estas cuestiones con una actitud mercantilista, haré esto para lograr aquello, rezaré, meditaré, me sacrificaré, a fin de conseguir algo.

»En cualquier caso, no está practicando "mis enseñanzas", yo no tengo nada que decir. O mejor dicho, lo único que estoy diciendo es que observe su propia mente, que vea a qué profundidad es capaz de llegar su mente; por tanto, lo importante no son las enseñanzas, sino usted mismo. Lo importante es que descubra por sí mismo la forma como funciona su pensamiento y lo que representa pensar, tal como he mostrado a lo largo de la mañana. Si de verdad observa su pensamiento, si le presta atención, si experimenta y descubre, si lo suelta y cada día se libera de todo lo que ha acumulado, entonces nunca hará esa pregunta, «¿Y ahora, qué?».*

Las ocho charlas siguientes fueron pronunciadas, sin guión y de modo espontáneo, en el verano de 1955 bajo la sombra de un robledal en el valle de Ojai, California, ante una audiencia de varios cientos de personas. Krishnamurti llegó al valle de Ojai por primera vez en 1922; allí vivió hasta su muerte en 1986, exceptuando cuando viajaba para dar charlas en otros lugares. Murió a la edad de noventa y un años en una casita del valle, Pine Cottage, justo al lado del actual Archivo Krishnamurti en Ojai, al pie de los escarpados montes Topa Topa. Durante su vida, creó varias fundaciones en distintos lugares del mundo, a fin de preservar y difundir sus charlas, diálogos

* Véanse páginas 177 y 178.

y escritos. Hoy en día, hay disponible mucha más información, numerosos textos y grabaciones de audio y de vídeo en www.jkrishnamurti.org, así como en la página web de la Fundación Krishnamurti Latinoamericana (www.fkla.org).

«Cuando la mente está libre de todo condicionamiento,
uno descubre que aflora la creatividad
de lo real, de Dios, o como prefieran llamarlo;
y solo una mente así, una mente que constantemente
experimenta esta creatividad, puede generar
una actitud, unos valores y un mundo diferente».

PRIMERA CHARLA EN OAK GROVE

6 de agosto de1955

Condicionamiento y conocimiento propio

En todo el mundo hay problemas muy serios, y a pesar de que pueda generarse cierto estado de bienestar material, o de que los políticos consigan instaurar en la convivencia cierta paz aparente en países de prosperidad económica como este, donde existe la fiebre de producir y una promesa de un futuro feliz, no creo que nuestros problemas puedan resolverse tan fácilmente. Todos queremos que estos problemas se resuelvan, pero esperamos que otros lo hagan: los maestros religiosos, los analistas, los líderes políticos, o bien recurrimos a la tradición e intentamos encontrar la respuesta en los diferentes libros y filosofías. Supongo que esa es la razón de que hayan venido aquí, para que les diga lo que deben hacer; o tal vez tienen la esperanza de que escuchando una serie de explicaciones comprenderán los problemas que cada uno tiene que afrontar. En ese caso, he de decirles que cometen un grave error si esperan que escuchando una o dos charlas sin prestar demasiada atención se les instruirá para que comprendan sus numerosos problemas. No es en absoluto mi intención exponer, verbal o intelectualmente, los problemas que deben afrontar, sino todo lo contrario, durante estas charlas trataremos de investigar en profundidad la verdadera razón de que todos nuestros problemas sean tan complicados, tan trágicos e infinitamente dolorosos.

Les ruego que tengan la paciencia de escuchar sin dejarse extasiar por las palabras y sin rebatir frases o ideas, porque se necesita una paciencia inmensa para descubrir la verdad. La mayoría estamos impacientes por avanzar, por conseguir resultados, por tener éxito, por alcanzar una meta o cierto estado de felicidad, o bien por experimentar algo a lo que la mente pueda agarrarse; pero, según creo, lo que se necesita es paciencia y perseverancia para investigar sin tener un propósito. Casi todos ustedes buscan, por eso están aquí, y en su búsqueda quieren encontrar algo, obtener un resultado, alcanzar un fin, un estado en el cual puedan ser felices, tener paz; por tanto, su búsqueda ya está predeterminada, ¿no es cierto? Cuando buscamos es porque deseamos encontrar algo que queremos, de manera que nuestra búsqueda está preestablecida, determinada de antemano, lo cual significa que no es una verdadera investigación; creo que es muy importante comprender esto. Cuando la mente busca cierto estado, la solución a un problema, cuando busca la verdad o a Dios, o bien desea tener cierta experiencia, ya sea mística o de cualquier otra índole, ya tiene decidido lo que quiere y, debido a que ya lo ha decidido, ya ha establecido lo que quiere encontrar, y esa búsqueda es totalmente fútil. Liberar a la mente de este deseo de lograr un resultado es una de las cosas más difíciles.

Me parece que nuestros problemas no pueden solucionarse a menos que exista una revolución fundamental en la mente, porque tan solo una revolución como esa puede traer la comprensión de eso que llamamos la verdad. Así pues, es importante comprender cómo funciona nuestra propia mente, no mediante el autoanálisis o la introspección, sino observando toda su actividad; y eso es lo que me gustaría que discutiéramos durante estas charlas. Si no podemos vernos a nosotros mismos tal como somos, si no comprendemos al pensador, esa entidad que busca, que constantemente pregunta, exige, cuestiona e intenta encontrar, esa entidad que crea el problema, el "yo", el ego, entonces nuestro pensar y nuestra investigación no tendrá ningún sentido. Mientras el instrumento que piensa no tenga claridad, esté distorsionado, esté condicionado, cualquier cosa que se piense será limitada, restringida.

De modo que la cuestión es cómo liberar la mente de todo condicionamiento, no cómo condicionarla mejor, ¿entienden? Pero eso es lo que la mayoría busca, un condicionamiento mejor. Los comunistas, los católicos, los protestantes, y los de las demás sectas que existen en el mundo, así como hindúes y budistas, todos intentan condicionar la mente de acuerdo con un modelo más noble, más virtuoso, menos egoísta y más religioso. Es evidente que la intención en todo el mundo es ofrecer a la mente un condicionamiento mejor, y nunca plantearse si es posible liberar la mente de todo condicionamiento. Sin embargo, me parece que a menos que la mente esté libre de todo condicionamiento, es decir, mientras esté condicionada a pensar como cristiana, budista, hindú, comunista, o lo que sea, tendrá problemas.

No cabe duda de que solo cuando la mente está libre de todo condicionamiento tiene la posibilidad de descubrir aquello que es real, o si existe eso que llamamos Dios; pero el simple interés que pueda tener una mente condicionada por Dios, por la verdad, por el amor, en realidad no tiene ningún sentido, porque esa mente solo puede funcionar dentro de su propio campo condicionado. El comunista que no cree en Dios piensa de determinada manera, y el hombre que cree en Dios, que vive pendiente de un dogma, piensa de manera distinta, pero ambas mentes están condicionadas y, por consiguiente, ni el uno ni el otro pueden pensar con libertad, todas sus declaraciones, sus teorías y creencias tienen muy poco valor. Así, la religión no tiene nada que ver con ir a la iglesia o acatar ciertas creencias y dogmas; la religión tiene que ser algo enteramente distinto, tiene que liberar por completo a la mente de la enorme tradición de siglos, porque solo una mente libre puede descubrir la verdad, la realidad, aquello que está más allá de sus propias proyecciones.

No es una teoría personal mía, podemos verlo si observamos lo que está sucediendo en el mundo. Los comunistas quieren resolver los problemas de la vida de cierta manera, los hindúes de otra, y los cristianos de forma diferente; sus mentes están condicionadas. Tanto si lo admitimos como si no, nuestras mentes están condicionadas por el cristianismo, y aunque superficialmente hayamos dejado la tradición cristiana, las capas profundas de nuestro inconsciente están impregnadas de esa tradición, están condicionadas por siglos de educación basada en ese modelo concreto. Sin duda, una mente que quiere descubrir algo que está más allá, si es que existe tal cosa, antes debe estar libre de todo condicionamiento.

Durante estas charlas, bajo ningún concepto vamos a tratar la autoayuda personal, ni tenemos interés en perfeccionar ningún modelo, no pretendemos condicionar la mente con otro modelo más noble ni con un modelo que tenga un mayor impacto social, sino todo lo contrario, intentamos descubrir si es posible liberar la mente, toda la consciencia de cualquier condicionamiento, porque a menos que eso suceda será imposible experimentar lo que es la realidad. Podemos hablar de la realidad, leer innumerables volúmenes sobre ella, revisar todos los libros sagrados de Oriente y de Occidente, pero hasta que la mente no se dé cuenta de su propio proceso, hasta que no se vea a sí misma actuando según un determinado modelo y sea capaz de liberarse de ese condicionamiento, como es obvio, cualquier búsqueda será en vano.

De modo que me parece muy importante que comencemos por nosotros mismos, que nos demos cuenta de nuestro propio condicionamiento; ¡y qué increíblemente difícil es admitir que uno está condicionado! En el nivel superficial, en las capas visibles de la mente, quizá nos demos cuenta de que estamos condicionados, tal vez renunciemos a un modelo y adoptemos otro diferente, puede que abandonemos el cristianismo y nos hagamos comunistas, dejemos el catolicismo para ingresar en cualquier otro grupo igualmente tiránico, y lo hagamos convencidos de que evolucionamos, de que nos movemos hacia la realidad, pero es todo lo contrario, lo único que hacemos es cambiar de cárcel.

No obstante, eso es lo que la mayoría queremos, encontrar un lugar donde nuestra forma de pensar se sienta segura, queremos encontrar determinados modelos que no interfieran en nuestra manera de pensar ni actuar. Pero solo la mente que es capaz de observar con paciencia su propio condicionamiento y liberarse de él, tan solo esa mente puede experimentar una revolución, una transformación radical y, en consecuencia, descubrir aquello que está infinitamente más allá de sí misma, más allá de nuestros deseos, de nuestras vanidades y aspiraciones. Sin conocimiento propio, sin conocerse uno mismo tal como uno es, no como nos gustaría ser, eso es una simple ilusión, un escape idealista, sin conocer los movimientos de nuestro pensar, todos los motivos, cada pensamiento, las innumerables reacciones, es imposible comprender y trascender todo el proceso del pensar.

Se han tomado muchas molestias para venir hasta aquí y escuchar esta charla en esta tarde tan calurosa, y me pregunto si realmente están escuchando. ¿Qué es escuchar? Creo que deberíamos hablar un poco sobre esto, si no tienen inconveniente. ¿De verdad escuchan, o lo que hacen es interpretar todo aquello que se dice de acuerdo con su propia forma de entender las cosas? ¿Son capaces de escuchar a alguien, o mientras escuchan interfieren varios pensamientos y opiniones, de manera que su propio conocimiento y sus experiencias se interponen entre lo que se dice y lo que entienden de ello?

Creo que es importante ver la diferencia entre atención y concentración. Concentrarse significa elegir, ¿no es cierto? Si tratan de concentrarse en lo que estoy diciendo, su mente quedará fijada, restringida, y otros pensamientos interferirán; por tanto, no estarán realmente escuchando, habrá un forcejeo en la mente, un conflicto entre lo que están escuchando y su deseo de interpretar, de llevar a la práctica aquello de lo que estoy hablando, y así sucesivamente. Pero la atención es algo muy distinto, en la atención no hay fijación, no hay elección; atención es darse cuenta de todo sin interpretar nada. Si somos capaces de escuchar lo que se dice con gran atención, de forma completa, entonces esa misma atención produce un cambio milagroso dentro de la misma mente.

Todo lo que estamos hablando tiene una enorme importancia, porque a menos que se produzca en cada uno de nosotros una revolución fundamental, no veo cómo podemos generar un cambio profundo y radical en el mundo; y no hay duda de que ese cambio radical es esencial. La revolución meramente económica, ya sea comunista o socialista, no tiene mucha relevancia; debe haber una revolución religiosa, y esa revolución religiosa no puede darse si la mente se limita a amoldarse a un modelo previo de condicionamiento. Mientras uno siga siendo cristiano o hindú, no puede haber una revolución fundamental en el sentido verdaderamente religioso de esta palabra; sin embargo, esa revolución es necesaria. Cuando la mente está libre de todo condicionamiento, entonces uno descubre la creatividad de lo real, de Dios, o como prefieran llamarlo; y solo una mente así, una mente que vive en un estado constante de creatividad puede generar una actitud, unos valores, un mundo diferente.

Por eso es tan importante comprenderse a uno mismo, ¿no les parece? El conocerse a uno mismo es el principio de la sabiduría. Lo cual no significa el conocimiento basado en lo que dice cierto psicólogo, filósofo o algún libro, sino conocerse a uno mismo de instante en instante, ¿entienden? Conocerse a uno mismo es observar lo que se piensa y se siente, no solo en el nivel superficial, sino estar profundamente atento a "lo que es", sin condenar, sin juzgar, sin valorar o comparar. Hagan la prueba y verán lo difícil que es, para una mente que durante siglos ha sido educada para comparar, condenar, juzgar y evaluar, detener todo ese proceso y sencillamente observar "lo que es". Pero a menos que eso suceda, no solo en el nivel superficial sino hasta el mismo fondo del contenido de la consciencia, no es posible ahondar en la profundidad de la mente.

Por favor, si de verdad han venido aquí para comprender lo que se está diciendo, ese debe ser nuestro único interés y no otro. Nuestro problema no es a qué sociedad debemos pertenecer, qué actividades debemos realizar, qué libros debemos leer, y todos estos asuntos tan triviales, sino cómo liberar la mente del condicionamiento. La mente no es solo esa parte consciente que está ocupada con las actividades diarias, sino que es también las capas más profundas del inconsciente donde está el residuo del pasado, de la tradición, de los instintos raciales. Todo eso es la mente y, a menos que la totalidad de la consciencia no esté libre por completo, nuestra búsqueda, nuestra investigación y nuestros descubrimientos, estarán condicionados, serán limitados e insignificantes.

Así, si la mente está del todo condicionada, si no hay ninguna parte que no lo esté, entonces cabe preguntarse: ¿puede esa mente en sí misma ser libre? Y: ¿cuál es la entidad que la liberará? ¿Comprenden la dificultad? La mente es la totalidad de la conciencia con todas sus diferentes capas de conocimiento, de logros conseguidos, de tradición, de instintos raciales, de memoria, y ¿puede esa mente en sí misma ser libre? ¿O la mente solo puede ser libre cuando se dé cuenta de que está condicionada y que cualquier acción que salga de ese condicionamiento seguirá siendo parte de ese condicionamiento? Espero que entiendan todo esto; de no ser así, lo investigaremos durante los próximos días.

La mente, en su totalidad, está condicionada, lo cual es un hecho obvio, no es una invención mía, es un hecho. Pertenecer a una determinada sociedad, recibir cierta educación basada en una determinada ideología, con sus dogmas, sus tradiciones y la enorme influencia de la cultura y de la sociedad, condiciona de forma constante la mente. Ahora, ¿cómo puede esa mente ser libre, teniendo en cuenta que cualquier acción que haga para liberarse será el resultado de su propio condicionamiento y, por tanto, generará aún más condicionamiento? Nada más hay una respuesta: la mente solo será libre cuando esté en completo silencio. Aunque tenga problemas, innumerables necesidades, conflictos y ambiciones, si a través del conocimiento propio, de observarse a sí misma sin aceptar ni condenar, si la mente se da cuenta sin elección de su propio proceso, entonces, de ese darse cuenta surge un asombroso silencio, una quietud donde no hay ningún movimiento. Tan solo en ese momento la mente puede ser libre, porque ha dejado de desear cosas, ha dejado de buscar, de perseguir una meta, un ideal, todo lo cual son proyecciones de esa mente condicionada. Si uno llega a esa comprensión, que no es un engaño creado por uno mismo, entonces descubrirá que hay una posibilidad de que se manifieste esa extraordinaria cosa llamada creatividad. Solo entonces la mente puede experimentar lo inconmensurable, eso que llamamos Dios, la verdad, o como prefieran llamarlo; la palabra tiene muy poca importancia. Puede que socialmente sea muy afortunado, tenga muchas posesiones (automóviles, casas, frigoríficos, cierto bienestar superficial), sin embargo, a menos que eso inconmensurable tenga presencia en su vida, siempre le acompañará el sufrimiento; porque lo único que pone fin al sufrimiento es liberar la mente de condicionamiento.

Eso plantea muchas preguntas, pero ¿de qué sirve hacer preguntas y recibir respuestas? ¿Hacer preguntas solucionará algún problema? ¿Qué es un problema? Por favor, escuchen con atención, piensen conmigo. ¿Qué es un problema? Un problema surge cuando la mente está ocupada con algo, ¿no es cierto? Si tengo un problema, ¿qué significa eso? Supongamos que mi mente está ocupada de la mañana a la noche con la envidia, con los celos, con el sexo, o con lo que sea, esa actividad de la mente con un objeto es lo que genera el problema. La envidia puede ser un hecho, pero cuando la mente interviene en ese hecho crea el problema, el conflicto, ¿comprenden?

Digamos que soy envidioso, o que por diferentes motivos tengo impulsos violentos. Pues bien, cuando se expresa, esa envidia genera conflicto y, entonces, mi mente queda atrapada en ese conflicto: cómo liberarse de él, cómo resolverlo, qué hacer al respecto. Cuando la mente interfiere en la envidia, eso mismo genera el problema, no la envidia en sí misma. En un momento investigaremos el significado completo de la envidia; por tanto, nuestro problema no es el hecho, sino la intervención de la mente en ese hecho. Y bien, ¿puede la mente dejar de interferir? ¿Es la mente capaz de afrontar el hecho sin actuar sobre él? A medida que avancemos examinaremos este tema de la intervención; es muy interesante observar nuestra propia mente actuando.

Así pues, al reflexionar juntos sobre estas cuestiones, lo que intentamos es liberar a la mente de actividad, lo cual significa observar el hecho sin interferir. Es decir, si tengo cierta demanda, ¿puedo observar esa demanda sin interferir en ella? Les ruego que observen su propia demanda de irritabilidad o de lo que sea, ¿pueden mirarla sin que la mente interfiera? Interferir significa esforzarse en resolver esa demanda, por eso la condena, la compara con algo, intenta modificarla, superarla, ¿no es cierto? En otras palabras, intentar hacer algo con esa demanda es interferir, ¿no es verdad? Pero ¿pueden observar el hecho de que tienen una demanda concreta, una exigencia, un deseo, observarlo sin compararlo, sin juzgarlo y, por tanto, sin iniciar todo el proceso de interferencia?

Desde el punto de vista psicológico, es muy interesante observar la incapacidad de la mente a mirar un hecho como la envidia sin introducir la amplia complejidad de opiniones, de valoraciones y juicios, que mantienen a la mente ocupada, de tal manera que nunca resuelve el hecho, sino que multiplica los problemas. Espero estar expresándolo con claridad. Creo que es muy importante comprender este proceso de la interferencia, porque detrás se esconde un factor mucho más profundo, que es el miedo de la mente a no estar ocupada. Da igual si está ocupada pensando en Dios, en la verdad, en el sexo o en la bebida, su cualidad es esencialmente la misma. Tal vez el hombre que piensa en Dios y se hace ermitaño puede tener más trascendencia socialmente, puede ser socialmente más importante que un borracho, pero ambos están actuando, y una mente ocupada nunca es libre para descubrir la verdad. Por favor, no acepten ni rechacen lo que estoy diciendo, examínenlo, averígüenlo. Si cada uno de nosotros es realmente capaz de observar esa única cuestión, prestar completa atención a todo el proceso de cómo la mente interfiere en cualquier problema, sin intentar impedir que interfiera, lo cual sería simplemente otra forma de interferencia, si podemos comprender todo este proceso, entonces creo que el problema en sí mismo se vuelve irrelevante. Cuando la mente deja de interferir en un problema, cuando es libre para observar, para darse cuenta de toda la dificultad, entonces es posible resolver el problema con relativa facilidad.

INTERLOCUTOR: Todos nuestros problemas parecen surgir del deseo; ahora bien, ¿podemos liberarnos del deseo? ¿Es el deseo algo innato en nosotros o es un producto de la mente?

KRISHNAMURTI: ¿Qué es el deseo? ¿Por qué separamos el deseo de la mente? Y ¿quién es esa entidad que dice que el deseo es la causa de todos los problemas y, por tanto, debemos liberarse de él? ¿Entiende la pregunta? Debemos comprender lo que es el deseo, no preguntar cómo liberarnos de él porque nos crea problemas, o si es un producto de la mente. En primer lugar, necesitamos saber qué es el deseo, y luego podemos investigarlo más profundamente. Así pues, ¿qué es el deseo y cómo surge? Voy a explicarlo y lo verán, pero no se limiten a escuchar mis palabras, más bien experimenten esa cosa de la que estamos hablando a medida que avanzamos, entonces tendrá trascendencia.

Bien, ¿cómo surge el deseo? Es evidente que surge por medio de la percepción o el ver, luego el contacto, la sensación y a continuación el deseo, ¿no es cierto? Primero vemos un automóvil, hay un contacto, eso provoca una serie de sensaciones, y al final nace el deseo de poseer ese automóvil, de conducirlo; por favor, siga esto paso a paso, con paciencia. Seguidamente, al intentar conseguir ese automóvil, lo cual es un deseo, aparece el conflicto; es decir, en la misma satisfacción de un deseo hay conflicto, dolor, sufrimiento o alegría, y lo que uno quiere es seguir con el placer y evitar el dolor. Esto es lo que realmente nos sucede a cada uno de nosotros. Esa entidad crea el deseo, se identifica con el deseo y dice: «Debo eliminar todo lo que no sea placentero, todo lo que me causa dolor», nunca dice: «Quiero eliminar el dolor y el placer». Queremos retener el placer y evitar el dolor, pero el deseo crea tanto el dolor como el placer, ¿no es verdad? El deseo que surge a través de la percepción, del contacto y de la sensación, lo identificamos como el "yo" que quiere retener el placer y evitar el dolor. Pero el dolor y el placer son igualmente el resultado del deseo, que es una parte de la mente, el deseo no está fuera de la mente, y mientras exista una entidad que diga: «Quiero retener esto y eliminar aquello otro», siempre habrá conflicto; porque si queremos liberarnos de todos los deseos dolorosos y quedarnos con aquellos que son principalmente placenteros, beneficiosos, nunca abordaremos la totalidad del problema del deseo. De modo que cuando decimos: «No debo tener deseos», ¿quién es esa entidad que intenta liberarse de algo? ¿No es esa entidad también una consecuencia del deseo? ¿Están siguiendo todo esto?

Por favor, como he dicho al principio de la charla, deben tener infinita paciencia para comprender estas cosas. Las preguntas fundamentales no tienen una respuesta absoluta de "sí" o "no". Lo importante es plantear una pregunta fundamental, no encontrar una respuesta, y si somos capaces de observar esa pregunta fundamental sin buscar una respuesta, entonces, de esa misma observación de lo fundamental surge la comprensión.

Por tanto, nuestra dificultad no es cómo liberarnos de los deseos que son dolorosos y retener aquellos que son placenteros, sino comprender toda la naturaleza del deseo. Esto plantea una nueva pregunta: ¿qué es el conflicto? Y ¿quién es la entidad que constantemente elige entre lo placentero y lo doloroso? Esa entidad a la que llamamos el "yo", el ego, el mí, la mente, y que dice: «Esto es placer y eso otro es dolor; quiero retener el placer y evitar el dolor», ¿no sigue siendo deseo esa entidad? Si somos capaces de observar todo el campo del deseo sin pretender retener o evitar algo, entonces descubriremos que el deseo tiene un significado muy diferente.

El deseo crea contradicción, y a la mente, por poco atenta que esté, no le gusta vivir en contradicción, de modo que trata de liberarse del deseo. Pero si la mente es capaz de comprender el deseo sin tratar de eliminarlo, sin decir: «Este deseo es mejor que aquel otro; voy a quedarme con uno y eliminaré el otro», si la mente puede darse cuenta de todo el campo del deseo sin rechazar, sin elegir, sin condenar nada, entonces verá que la mente es el deseo, no está separada del deseo. Si de verdad entienden esto, la mente se vuelve muy silenciosa; aunque los deseos surgen, dejan de tener fuerza, pierden importancia, no arraigan en la mente ni crean problemas. De todas las maneras, la mente reaccionará, si no lo hiciera estaría muerta, pero esa reacción es superficial, no arraiga en la mente. Por eso es importante comprender todo el proceso del deseo en el cual la mayoría estamos atrapados, porque al estar atrapados padecemos la contradicción, el inmenso dolor que genera, y esa es la razón de que luchemos contra el deseo, pero esa lucha crea dualidad. Mientras que si podemos observar el deseo sin juzgarlo, sin valorarlo ni condenarlo, veremos que el deseo no arraiga. La mente que permite que los problemas arraiguen, jamás podrá encontrar eso que es real. Así, la cuestión no es cómo eliminar los deseos, sino comprenderlos, y solo podemos comprenderlos cuando no los condenamos. Solo la mente que no es prisionera del deseo puede comprender el deseo.

«En cualquier lugar la sociedad condiciona
al individuo, y ese condicionamiento se expresa
en forma de crecimiento personal, pero en definitiva
es una forma diferente de perpetuar el "yo" o el ego.
El crecimiento personal puede ser vulgar
o muy refinado cuando se convierte en la práctica
de la virtud, de la bondad, del llamado
"amor al prójimo"; pero en esencia
es una continuación del "yo", que es un producto
de las influencias sociales que nos condicionan.
Todos nuestros esfuerzos están orientados
a conseguir ser algo, ya sea en este mundo,
si uno es capaz de lograrlo, o en otro mundo;
pero sigue siendo el mismo anhelo, el mismo
afán de mantener y dar continuidad al "yo"».

SEGUNDA CHARLA EN OAK GROVE

7 de agosto de1955

Atención, concentración, confusión, claridad

Antes de nada, tal vez valdría la pena conversar juntos acerca de lo que entendemos por escuchar. Al parecer, están aquí para escuchar y comprender lo que se dice y, por eso, creo que es importante averiguar cómo escuchamos, porque la comprensión depende de nuestra manera de escuchar. Ahora bien, mientras escuchamos, ¿debatimos con nosotros mismos lo que se está diciendo, lo interpretamos de acuerdo con nuestras opiniones, con nuestros conocimientos e idiosincrasias, o sencillamente escuchamos con atención sin interpretar nada? Y ¿qué significa prestar atención? Me parece muy importante entender la diferencia entre atención y concentración. ¿Podemos escuchar con esa atención en la que no hay interpretación, oposición o aceptación, de modo que comprendamos totalmente lo que se dice? Es bastante obvio, creo, si uno puede escuchar con plena atención, esa misma atención tendrá un efecto extraordinario.

Sin duda, existen dos maneras de escuchar. Podemos seguir

las palabras de forma superficial, ver su significado y quedarnos con el sentido trivial de la descripción, o podemos escuchar la descripción, el enunciado verbal, y mirar hacia el interior; es decir, estar atento a lo que se esté diciendo como algo que uno experimenta directamente en sí mismo. Si podemos hacer esto último, o sea, a través de la descripción ser capaz de experimentar directamente lo que se está diciendo, entonces creo que valdrá la pena. Quizá, a medida que escuchan, quieran experimentarlo.

En el mundo hay una enorme pobreza, como ocurre en Asia, y una inmensa riqueza, como ocurre en este país; también hay crueldad, sufrimiento, injusticia, y esa sensación de vivir sin amor. Al ver todo esto, ¿qué podemos hacer? ¿Cuál es la forma correcta de abordar estos innumerables problemas? Las religiones del mundo entero han insistido enfáticamente en el mejoramiento personal, en cultivar la virtud, en aceptar la autoridad, en seguir ciertos dogmas, ciertas creencias, y en hacer un gran esfuerzo para adaptarse. Eso no solo ha sucedido en el ámbito religioso, sino también en lo social, y en la política existe esa constante necesidad de mejorar: debo ser más noble, más amable, más considerado, menos violento. La sociedad, con la ayuda de la religión, ha creado una cultura de mejora personal, en el sentido más amplio de la palabra, y eso es lo que cada uno de nosotros intentamos hacer en todo momento, tratamos de ser mejores, lo cual significa esfuerzo, disciplina, conformismo, competitividad, aceptar la autoridad, sentirnos seguros, justificar nuestra ambición. Y, como es lógico, la mejora personal produce ciertos resultados, hace que uno sea más social, tiene cierto valor social, pero eso es todo, el crecimiento personal no puede revelar la realidad suprema. Creo que es muy importante entender esto.

Las religiones no nos ayudan a comprender lo que es real, porque en esencia no se basan en renunciar al "yo", sino en mejorarlo y refinarlo, lo cual no deja de ser una continuidad del "yo" en formas diferentes. Muy pocos son los que rompen con la sociedad, no con las trampas externas de ella, sino con todas las implicaciones de una sociedad basada en la codicia, la envidia, la comparación y la competitividad. Esta sociedad condiciona la mente a pensar de cierta manera, a pensar en el modelo de mejora personal, a adaptarse, a sacrificarse, y solo los que son capaces de romper con todo condicionamiento pueden descubrir aquello que la mente no puede medir.

Ahora bien, ¿qué entendemos por esfuerzo? Todos nos esforzamos; nuestro patrón social está fundamentado en el esfuerzo por acumular, por comprender más, por tener más conocimientos, y actuar a partir de esa acumulación de conocimientos. Siempre existe un esfuerzo de mejora personal, de adaptarnos, de corregirnos, ese impulso a realizarnos con sus frustraciones, temores y desdichas. Según ese patrón, que todos conocemos y del que formamos parte, está perfectamente justificado que uno sea ambicioso, competitivo, envidioso, que persiga un resultado concreto, y nuestra sociedad, ya sea la americana, la europea o la india, se basa esencialmente en esto.

Así, ¿creen que la sociedad, que la cultura en su sentido más amplio, ayuda al individuo a encontrar la verdad? ¿O acaso la sociedad actúa en detrimento del ser humano, impidiéndole descubrir lo que es verdadero? Sin duda, la sociedad tal como la conocemos, la cultura en la que vivimos y desempeñamos nuestras funciones, fuerza al individuo a adaptarse a cierto modelo de comportamiento, a ser respetable; esa sociedad es el producto de la voluntad de la mayoría. Nosotros hemos creado esa sociedad, no ha surgido de la nada; pero ¿ayuda esta sociedad al individuo a encontrar la verdad, a Dios, no importa el nombre que le demos, las palabras son lo de menos, o debe el individuo dejar a un lado completamente la cultura y los valores de la sociedad para descubrir la verdad? Lo cual no significa, por favor, tengamos esto claro, que esa persona se vuelva antisocial, que haga lo que le plazca, sino todo lo contrario.

La estructura social actual se basa en la envidia, en la codicia, que llevan implícito el conformismo, la aceptación de la autoridad, la perpetua necesidad de satisfacer nuestras ambiciones, que en esencia es el ego, esa lucha del "yo" para llegar a ser algo. La sociedad se fundamenta en todas estas tonterías, y su cultura, lo agradable y lo desagradable, lo hermoso y lo feo, todo el campo del esfuerzo social, condiciona nuestras mentes, somos el resultado de la sociedad. Si hubieran nacido en Rusia y hubieran recibido una educación basada en sus principios particulares, seguramente negarían la existencia de Dios y aceptarían ciertos patrones ideológicos, de igual modo que aquí aceptan otros distintos. Aquí la gente cree en Dios, y sería escandaloso si no creyeran en él, dejarían de ser personas respetables.

En todos los lugares, la sociedad condiciona al individuo, y ese condicionamiento se expresa en forma de ser mejores, pero en definitiva es una forma diferente de perpetuar el "yo" o el ego. Cuando el mejoramiento, que puede ser vulgar o extremadamente refinado, se convierte en una práctica de la virtud, de la bondad, del llamado "amor al prójimo", en esencia, no deja de ser una continuidad del "yo", que es un producto de las influencias sociales que nos condicionan. Todos nuestros esfuerzos están orientados a llegar a ser algo, ya sea en este mundo, si uno es capaz de conseguirlo, o en el otro mundo; pero el anhelo, el afán imperioso de mantener y dar continuidad al "yo" siempre es el mismo.

Cuando uno se da cuenta de todo esto, no creo necesario exponer cada detalle, es inevitable que se pregunte: ¿no existen la sociedad y la cultura para ayudar al hombre a encontrar eso que llamamos la verdad o Dios? Sin duda, lo importante es descubrir y experimentar realmente eso que está más allá de la mente, y no tener ciertas creencias que en definitiva no tienen ningún valor. Sin embargo, las así llamadas religiones, como siguen diferentes maestros, diferentes disciplinas, como pertenecen a sectas, cultos, si uno lo observa todas pertenecen al campo social de la respetabilidad; ¿nos ayudarán a encontrar esa dicha y realidad eterna? Si no se limitan a simplemente escuchar lo que se está diciendo, estando de acuerdo o en desacuerdo, sino que se hacen a sí mismos la pregunta de si la sociedad nos ayuda, no en el sentido superficial de proveer alimento, ropa y albergue, sino en un sentido fundamental, si de verdad se formulan la pregunta directamente a sí mismos, lo cual significa que están haciéndolo a medida que hablamos, de manera que sea una experiencia directa y no el simple repetir lo que escuchan o hayan aprendido, entonces verán que solo hay esfuerzo cuando tienen la intención de crecer personalmente. De hecho, el esfuerzo es una parte importante de la sociedad, que condiciona la mente de acuerdo con cierto modelo en el cual el esfuerzo se considera básico.

Por ejemplo, si soy un científico debo estudiar, debo saber matemáticas, debo tener toda la información previa, debo acumular mucho conocimiento, debo desarrollar la memoria, fortalecerla, ampliarla, pero, en realidad, esa memoria portentosa, esos conocimientos, impiden descubrir algo nuevo. Tan solo es posible descubrir algo nuevo cuando uno es capaz de no depender de todos los logros conseguidos y de toda la información acumulada, la cual podrá utilizarse más adelante. Así, es imposible descubrir nada nuevo mientras lleve la carga del pasado, la carga del conocimiento, que, una vez más, son hechos psicológicos, es obvio. Si estoy diciendo esto es porque nos enfrentamos a la realidad, a ese estado extraordinario de creatividad, con toda la carga de la sociedad, con todo el condicionamiento de una determinada cultura, y por eso nunca descubrimos nada nuevo. Como es obvio, lo sublime, lo eterno, tiene que ser siempre nuevo, intemporal, y para que lo nuevo se manifieste no puede haber ningún intento en el campo donde se practica el esfuerzo para el crecimiento personal o para lograr realizarse. Solo cuando ese esfuerzo ha cesado por completo, lo otro se manifiesta.

Por favor, esto es muy importante. No es una cuestión de quedarse ensimismado y caer en alguna clase de ilusión, sino de comprender todo el proceso del esfuerzo dentro del marco de la sociedad, de esa sociedad que hemos creado y de la que somos un producto, donde el esfuerzo es básico, porque sin el esfuerzo estamos perdidos. Si uno no es ambicioso, no es codicioso, entonces es aplastado y destruido; si uno no es envidioso, jamás puede llegar a ser director general o a tener éxito. De modo que estamos constantemente esforzándonos para ser o no ser, para llegar a ser alguien, para triunfar, para satisfacer nuestras ambiciones, y con esa mentalidad producto de la sociedad, intentamos encontrar algo que no pertenece a la sociedad.

De modo que si uno quiere descubrir la verdad, debe estar libre de todas las religiones, de todo condicionamiento, de los dogmas y las creencias, de toda autoridad, de todo lo que le hace amoldarse, y eso en esencia significa que debemos estar completamente solos, lo cual no es fácil. No es un pasatiempo de un domingo cualquiera, por la mañana, cuando salimos a dar un paseo agradable con el automóvil y nos sentamos debajo de la sombra de unos árboles a escuchar una serie de bobadas. Para descubrir la verdad se necesita inmensa paciencia, delicadeza y cuestionamiento. Estudiar libros no tiene ningún valor, pero si mientras escuchan pueden prestar atención completa, verán que esa misma atención les libera de todo esfuerzo, de manera que, al no haber movimiento alguno en ninguna dirección, la mente es capaz de percibir algo de una belleza y creatividad extraordinarias, algo que el conocimiento y el pasado no pueden captar. Solo una persona así es realmente religiosa y revolucionaria, porque ha dejado de pertenecer a la sociedad, pero mientras seamos ambiciosos, envidiosos, codiciosos, competitivos, seguiremos siendo parte de la sociedad. Si con esa mentalidad resulta muy difícil ser libre, uno busca a Dios, pero esa búsqueda no tiene ningún sentido, porque es otro intento de llegar a ser algo, de conseguir algo. Por eso es tan importante comprender cuál es nuestra relación con la sociedad, darse cuenta de todos los dogmas, todas las creencias, los principios, las supersticiones que hemos acumulado, y liberarse de ellos sin esfuerzo, porque si hay esfuerzo, entonces de nuevo quedamos atrapados; se trata simplemente de ver las cosas como realmente son y soltarlas, como las hojas que se marchitan en otoño y que el viento se lleva, dejando el árbol desnudo. Solo una mente así puede recibir ese algo que trae inmensa felicidad a la vida.

Al abordar juntos algunas de estas preguntas, es obvio que no estoy dando respuestas, sino que se trata de que juntos descubramos el significado de cada una de ellas; por tanto, si solo escuchan para obtener una respuesta, me temo que se sentirán decepcionados, porque eso significa que no están interesados en el problema, sino en conseguir una respuesta, aunque eso es lo que la mayoría queremos. Creo que es muy importante formular preguntas fundamentales y seguir preguntando sin intentar encontrar una respuesta, porque cuanto más persistan en hacer preguntas básicas, urgentes e inquisitivas, más perceptiva y despierta se vuelve la mente. Así pues, ¿cuáles son esas preguntas fundamentales? ¿Puede alguien decirles cuáles son o debemos descubrirlas por nosotros mismos? Si pueden descubrirlas por sí mismos, su mente experimentará un cambio, se volverá mucho más vital que si hacen preguntas triviales y encuentran respuestas triviales.

INTERLOCUTOR: La delincuencia juvenil está creciendo a un ritmo alarmante en este país, ¿cómo puede solucionarse este problema cada vez mayor?

KRISHNAMURTI: Es evidente que existen rebeliones dentro del modelo de la sociedad, algunas son razonables y otras no, pero todas ellas están siempre dentro del área de la sociedad, dentro de los límites del cerco social, y es evidente que en una sociedad basada en la envidia, la ambición, la crueldad y la guerra, sucedan revueltas en su seno. Al fin y al cabo, cuando vamos al cine vemos la enorme violencia de las películas. Han habido dos guerras mundiales terribles, que son la culminación de la violencia, y una nación que mantiene un ejército tiene que ser destructiva para sus propios ciudadanos. Por favor, escuchen todo esto. Ninguna nación puede ser amante de la paz mientras tenga un ejército, tanto si es un ejército ofensivo como si es un ejército defensivo, porque un ejército es ambas cosas y no puede generar una actitud pacífica. En el momento en que una cultura establece y mantienen un ejército, se está destruyendo a sí misma; eso es un hecho histórico. Sin embargo, por todos los lados se nos anima a ser competitivos, ambiciosos, triunfadores; la competitividad, la ambición y el éxito son los dioses de una sociedad particularmente próspera como ésta, entonces, ¿qué esperamos? Lo que en realidad quiere es que controlen la delincuencia juvenil, eso es todo; no afronta la raíz del problema, a saber, cómo detener definitivamente todo este proceso de la guerra, de mantener un ejército, de ser ambicioso, de animar a la competitividad. Todas estas cosas están arraigadas en nuestros corazones, son las protecciones de la sociedad, y en su interior hay una rebelión permanente por parte de los jóvenes como de los mayores.

El problema no es solo la delincuencia juvenil, sino toda nuestra estructura social, y no habrá ninguna respuesta hasta que ustedes y yo no salgamos totalmente de la sociedad, de esa sociedad que representa la ambición, la crueldad, el ansia de triunfar, de llegar a ser alguien, de estar en la cima, todo este proceso que en esencia es una persecución egocéntrica de satisfacción, que hemos convertido en algo respetable. ¡Cómo adoramos al hombre que tiene éxito! ¡Con que satisfacción condecoramos al hombre que ha matado a miles de personas! Y también está toda esa división de creencias, de dogmas, el cristiano y el hindú, el budista y el musulmán. Estas son las cosas que generan conflicto, y si trata de solucionar la delincuencia juvenil simplemente reteniendo a los jóvenes en el hogar, disciplinándolos, alistándolos en el ejército o refugiándose en las diversas soluciones que ofrecen cada uno de los psicólogos o reformadores sociales, se limitará a tratar una cuestión tan fundamental como esta de forma muy superficial. Sin embargo, nos da miedo afrontar las cuestiones fundamentales porque pueden repudiarnos, llamarnos comunistas, o Dios sabe qué más, y para la mayoría, las etiquetas parecen tener enorme importancia. Ya sea en Rusia, en la India o aquí, en este país, el problema es esencialmente el mismo, y solo cuando la mente comprenda toda la estructura social, encontraremos una nueva manera de abordar este problema, estableciendo, tal vez, una verdadera paz y no la falsa paz de los políticos.

I: He estado buscando, yendo de un maestro a otro, y ahora he venido hasta aquí con el mismo espíritu de búsqueda. ¿Es usted diferente de los demás? ¿Cómo puedo saber que lo es?

K: Según dice, está realmente buscando, pero ¿qué significa buscar? ¿Entiende la pregunta? Es evidente que busca algo, pero ¿qué busca? Seguramente está buscando un estado mental que nada pueda perturbar y al que llama paz, Dios, amor o lo que sea, ¿no es cierto? Llevamos una vida agitada, llena de preocupaciones, miedo, ignorancia, desorden, confusión, y queremos escapar de todo eso; pero cuando un ser humano confundido busca, su búsqueda nace de la confusión, y por tanto, lo que encuentre será aún más confusión. ¿Está siguiendo todo esto?

En primer lugar, debemos descubrir por qué buscamos y qué es lo que buscamos. Puede dedicarse a ir de maestro en maestro y cada uno de ellos le ofrecerá un método de disciplina o de meditación, o una serie de bobadas diferentes; por eso, lo importante, sin lugar a dudas, no es el maestro ni lo que pueda ofrecerle, sino qué está buscando usted. Si sabe con exactitud lo que busca, entonces encontrará un maestro que le ofrezca exactamente eso; si busca paz, encontrará un maestro que le ofrezca esa paz que busca, pero eso no será la verdad, ¿entiende? Digamos que quiero encontrar la felicidad perfecta, un estado mental imperturbable de una calma absoluta, sin conflicto alguno, sin dolor, sin preguntas ni dudas; de modo que practico la disciplina que cierto maestro me ofrece, y es probable que esa disciplina produzca su propio resultado, a lo cual llamo paz. Lo mismo sucedería si tomara una pastilla o una droga, tendrían el mismo efecto, solo que esto último no es respetable, mientras que lo otro sí lo es. [*Risas.*] Por favor, no lo tomen a risa, de hecho, así es como actuamos.

Como es obvio, encontrará lo que busca siempre que esté

dispuesto a pagar por ello. Si se pone en manos de otro, si sigue alguna autoridad, tiene cierta disciplina y se autocontrola, encontrará eso que quiere, lo cual significa que su deseo dicta la búsqueda; pero en realidad no se da cuenta de los motivos de su búsqueda, por eso me pregunta mi opinión y cómo sabrá si lo que digo es verdadero o falso. Después de haber acudido a varios maestros, de haber quedado atrapado y sentirse estafado, ahora quiere intentarlo conmigo; pero yo no tengo nada que decirle, lo único que estoy señalando es que debe conocerse, profundizar más y más, verse a sí mismo tal como es, y eso nadie puede enseñárselo. Sin embargo, no podrá verse tal como es si está encadenado por creencias, dogmas, supersticiones y miedos.

Señores, para una mente incapaz de estar sola la búsqueda no tiene ningún valor. Permanecer solo es ser íntegro, inocente, libre de toda tradición, de dogmas, de opiniones, del qué dirán, y de todas estas cosas. Una mente así ha dejado de buscar porque no tiene nada que buscar; al ser libre, esa mente está en completa calma, sin demanda o movimiento alguno. Ahora bien, ese no es un estado que pueda lograrse, no es algo que pueda conseguirse por medio de la disciplina, ni surge como consecuencia de haber renunciado al sexo, o de practicar cierta clase de yoga; solo se manifiesta cuando se comprende el movimiento del "yo", del mí, que se expresa a sí mismo a través de la mente consciente en todas las actividades cotidianas, y también a través del inconsciente. Lo que realmente importa es comprender por uno mismo, no según la orientación de otros, el contenido total de la consciencia, comprender que está condicionada, que es el producto de la sociedad, de la religión, de las diversas influencias, impresiones y recuerdos; es comprender por completo ese condicionamiento y liberarse de él. Sin embargo, no existe ningún "cómo" para ser libre; si pregunta "cómo" ser libre es porque no está escuchando.

Por ejemplo, supongamos que digo que la mente debe estar libre de todo condicionamiento; ¿cómo escuchan una afirmación como esta? ¿Con qué atención la escuchan? Si observan su propia mente, y espero que lo estén haciendo, verán que internamente dicen: «¡Eso es imposible!», «¡No es posible hacerlo!», o «¡El condicionamiento solo puede modificarse!», etc. En otras palabras, no están escuchando esa afirmación con suficiente atención, sino que ponen resistencia con sus propias opiniones, conclusiones y conocimientos; en consecuencia, no prestan atención.

El hecho es que la mente está condicionada, como comunista, católica, protestante, hindú, o lo que sea, y tanto si no aceptemos este condicionamiento como si intentamos aceptarlo, modificarlo, ennoblecerlo o cambiarlo, nunca nos preguntamos si la mente puede liberarse por completo del condicionamiento. Antes de que realmente se haga a sí mismo esta pregunta con toda seriedad, primero debe darse cuenta de que su mente está condicionada, porque es evidente que lo está. ¿Entienden a qué me refiero al hablar de condicionamiento? No hablo del condicionamiento superficial relativo al idioma, a los ademanes, a la vestimenta, y todos los demás signos externos, sino del condicionamiento en un sentido mucho más profundo, mucho más fundamental. La mente se condiciona cuando es ambiciosa, no solo cuando ambiciona cosas de este mundo, sino cuando ambiciona ser algo espiritualmente. Todo este afán de crecimiento personal es el resultado del condicionamiento y, preguntamos, ¿puede la mente liberarse por completo de ese condicionamiento? Si realmente se hacen esta pregunta a sí mismos con toda seriedad, sin buscar una solución, entonces encontrarán la respuesta correcta, no dependerá de si es posible o imposible, sino que sucederá algo enteramente diferente.

Así pues, es importante averiguar de qué modo prestamos atención a estas charlas. Si no están atentos, les aseguro que es una pérdida de tiempo venir aquí cada fin de semana; aunque tal vez sea agradable conducir hasta Ojai, a pesar de que haga mucho calor. No será así si prestan completa atención a lo que se dice, lo cual no significa recordar algo que han leído, ni oponerse a base de opiniones, o tomar notas y decir: «Más tarde lo pensaré», sino realmente hacerse estas preguntas de inmediato mientras escuchan, porque entonces el mismo hecho de estar atentos traerá la respuesta correcta.

I: Es un hecho actual y comprobado que muchas de nuestras enfermedades son psicosomáticas, son consecuencia de profundos conflictos y frustraciones internas, de las cuales normalmente no somos conscientes. Entonces, ¿debemos acudir ahora a los psiquiatras como antes acudíamos a los médicos, o hay alguna manera de que el ser humano se libere a sí mismo de esta confusión interna?

K: Eso trae a colación la pregunta: ¿cuál es la posición de los psicoanalistas y la posición de aquellos de nosotros que padecen alguna clase de dolencia o de enfermedad? ¿Son los trastornos emocionales la causa de nuestras dolencias físicas o nada tienen que ver con el estado emocional? La mayoría estamos preocupados, confundidos, en conflicto, incluso aquellos que disfrutan de prosperidad, que tienen frigoríficos, automóviles, etc.; como no sabemos afrontar esa preocupaciones, inevitablemente afectan el cuerpo físico y provocan enfermedades, lo cual es bastante obvio. La pregunta es: ¿debemos acudir a los psiquiatras para que nos ayuden a eliminar nuestras preocupaciones y, de ese modo, recuperar la salud, o debemos encontrar por nosotros mismos el modo de eliminar la preocupación, la agitación, las ansiedades y los miedos?

¿Por qué estamos confundidos, si es que lo estamos? ¿Qué es la confusión? Quiero algo y no puedo conseguirlo, eso es lo que sucede; quiero realizarme a través de mis hijos, de mi esposa, de mis propiedades, de mis pertenencias, de mi posición y del éxito, etc., pero siento que no puedo, eso significa que estoy confundido. Soy ambicioso, y alguien me sobrepasa y se pone a la cabeza, eso de nuevo crea confusión, descontento, y produce su propia reacción física.

Ahora bien, ¿podemos liberarnos de todo descontento y confusión? ¿Qué es la confusión? ¿Entiende? ¿Qué es? La confusión solo existe cuando hay un hecho y le añado lo que yo creo: mi opinión, mi desacuerdo, mi evasión, mi valoración, etc. Si puedo mirar el hecho sin añadirle atributos, entonces no habrá confusión. Si admito el hecho de que determinada carretera conduce a Ventura,* no hay confusión, la confusión solo aparece cuando pienso o insisto en que esa carretera conduce a un lugar diferente, y esa es realmente la posición en la que estamos la mayoría. Nuestras opiniones, nuestros deseos, ambiciones y creencias son tan fuertes, constituyen un lastre tan pesado, que somos incapaces de mirar directamente los hechos.

Así pues, añadir a un hecho nuestros juicios, opiniones, valoraciones y ambiciones genera confusión. Luego, si vemos que estamos confundidos, ¿podemos dejar de interferir? Es evidente que cualquier acción que nazca de la confusión solo puede generar más confusión, más descontento, todo lo cual afecta el cuerpo, el sistema nervioso, y ocasiona enfermedades. Si uno está confundido, reconocerlo no requiere valentía, se trata de pensar y percibir con cierta claridad. Casi todos tenemos miedo de reconocer que estamos confundidos, sin embargo, desde esa confusión elegimos a nuestros líderes, a nuestros maestros y políticos; como nuestra elección es fruto de la confusión, esa elección debe ser

* Ciudad costera a 24 kilómetros de Ojai.

confusa y, de igual manera, el líder también debe estar confundido.

Por consiguiente, ¿es posible darse cuenta de la confusión, y, al saber la causa de esa confusión, no actuar? Si una mente confundida actúa, solo puede generar más confusión; por el contrario, si una mente que se da cuenta de que está confundida y comprende todo el proceso de la confusión no necesita actuar, porque esa misma claridad tiene su propia acción. Creo que a la mayoría de la gente no le resulta fácil entender esto, porque estamos acostumbrados a actuar, a intervenir. No obstante, si uno puede ver cómo actúa, si observa cuáles son las consecuencias, si presta atención a lo que está sucediendo en el mundo políticamente o en cualquier otro ámbito, entonces resulta bastante obvio que eso que llamamos reformas tan solo produce más confusión, más caos y reformas posteriores.

Así, ¿podemos como individuos darnos cuenta de nuestra propia confusión, de nuestro desorden, y vivir con ese hecho, comprenderlo sin querer liberarnos, eliminarlo o escapar de él? Porque mientras lo rechacemos, lo condenemos o escapemos, esa misma condena o ese escape es lo que genera la confusión. No creo que ningún psicoanalista pueda resolver este problema; quizá, ocasionalmente, pueda ayudarle a adaptarse a cierto modelo social, al que él llama "la existencia cotidiana", pero el problema es mucho más profundo y nadie puede resolverlo, excepto uno mismo. Entre todos hemos creado esta sociedad, esta sociedad es el resultado de nuestras acciones, de nuestros pensamientos, de nuestra manera de ser, y mientras sigamos empeñados en meramente reformar el resultado sin comprender esa entidad que lo ha producido, cada vez habrá más enfermedades, más desorden y más delincuencia. Comprender lo que uno es trae la sabiduría y la acción correcta.

«Nuestro problema es ser buenos sin intentar serlo;
creo que hay una gran diferencia entre ambas cosas...
Una persona que trata de ser humilde es obvio
que no tiene la más mínima comprensión
de lo que es la humildad... ¿Es posible la humildad
en uno sin intentar jamás cultivarla?».

TERCERA CHARLA EN OAK GROVE

13 de agosto de 1955

Comunicación, virtud, atención

Creo que una de nuestras mayores dificultades es la comunicación. Lo que quiero decir es algo muy simple, con el propósito de que lo entiendan, pero seguramente cada uno interpretará las palabras que escucha de acuerdo con su experiencia particular, y al ser una audiencia tan numerosa como esta, resulta extremadamente difícil transmitir con exactitud lo que uno desea exponer.

Durante esta tarde me gustaría que investigáramos un tema que considero muy importante, como es todo el problema de la virtud y el problema de cultivarla. Uno ve que sin virtud la mente se vuelve caótica, contradictoria, y sin una mente sosegada, ordenada, sin conflicto alguno, es obvio que no podemos llegar muy lejos. Pero la virtud en sí misma no es un fin. Cultivar la virtud tiene una dirección y ser virtuoso tiene otra diferente. A la mayoría nos interesa cultivar la virtud, aunque solo sea superficialmente, porque eso nos da cierto serenidad, nos aporta cierta quietud a la mente, evitando este incesante conflicto de deseos contradictorios. Pero es bastante evidente que el mero cultivo de la virtud nunca puede conducir a la libertad, lo único que puede aportar es cierta tranquilidad respetable, cierta sensación de orden y de control que surgen cuando se condiciona la mente para que se amolde a cierto patrón social al que llamamos virtud.

Por tanto, nuestro problema es ser buenos sin tratar de serlo; creo que hay una gran diferencia entre ambas cosas. Ser bueno es un estado en el cual no interviene el esfuerzo, pero nosotros no conocemos ese estado porque somos envidiosos, ambiciosos, chismosos, crueles, egocéntricos, mezquinos, prisioneros de actitudes estúpidas, lo cual no es ser bueno. Y si somos así, ¿cómo puede uno llegar a un estado de bondad sin hacer ningún esfuerzo por ser bueno? No hay duda que si hacemos cualquier esfuerzo para ser virtuosos, eso no es virtud, ¿verdad? Si una persona trata de ser humilde, es obvio que no tiene la más mínima comprensión de lo que es la humildad. Y, si no somos humildes, ¿es posible esa humildad sin intento de cultivarla? No sé si alguna vez se han planteado esta pregunta.

Uno ve con claridad que la virtud es necesaria, lo mismo que mantener una habitación en orden, pero tener la habitación ordenada no es un hecho importante en sí mismo. De igual manera, convertir la virtud en un fin, evidentemente tiene una serie de beneficios sociales y ayuda a que nos consideren lo que llamamos "ciudadanos decentes", que viven de acuerdo con ciertas normas establecidas, ya sea en este país, en la India o en Rusia, pero ¿acaso no es muy importante que la mente tenga orden sin imposición, sin disciplina y sin control, de tal manera que no esté todo el tiempo adormecida, disciplinada y cultivando el conformismo?

Porque, después de todo, ¿qué es lo que buscamos? ¿Qué es lo que cada uno de nosotros busca realmente, no de forma teórica, abstracta o como una idea? ¿Existe alguna diferencia entre el hombre que busca satisfacción en el conocimiento, en Dios, y aquel otro que busca riquezas, que quiere realizar sus ambiciones o se satisface con la bebida? Puede que socialmente haya cierta diferencia; el hombre que busca satisfacción en la bebida es considerado un ser antisocial, mientras que el hombre que busca satisfacción ingresando en una orden religiosa o se hace ermitaño, etc., socialmente tiene más ventajas, pero ahí termina todo.

De manera que ¿traerá eso que realmente buscamos, satisfacción, por más serios que seamos en nuestra búsqueda? Y ¿somos de verdad sinceros? ¿Lo somos? El ermitaño, el monje o el hombre que busca varias clases de placer, cada uno a su manera es muy serio, pero ¿es eso verdadera seriedad? ¿Somos serios cuando intentamos conseguir algo? ¿Entienden mi pregunta? ¿O solo hay seriedad cuando no se busca una finalidad?

Después de todo, el hecho de que estén aquí indica que de alguna manera son serios, de lo contrario no se hubieran tomado la molestia de venir. De modo que nos preguntamos, espero que cada uno lo haga, ¿qué significa ser serio? Porque de eso depende, creo, lo que voy a exponer dentro de un momento. Si han venido aquí buscando cierta satisfacción, o para comprender alguna experiencia pasada, cultivar un estado mental que esperan les aporte tranquilidad y paz, o experimentar eso que llaman la realidad, Dios, para lograrlo deben ser muy serios en su búsqueda; sin embargo, ¿no deberían cuestionar esa seriedad? ¿Existe realmente la sinceridad cuando buscan algo que puede darles cierto placer o tranquilidad?

Si de verdad somos capaces de comprender todo este proceso de búsqueda, comprender qué buscamos y por qué buscamos –ese proceso solo puede comprenderse cuando uno empieza a conocerse sí mismo, a darse cuenta de las actividades de su pensamiento, de sus reacciones, de respuestas y de sus diversas demandas–, entonces, tal vez, podamos descubrir qué representa ser virtuoso sin utilizar la disciplina para cultivar la virtud. Por tanto, creo que mientras la mente esté presa en el conflicto, aunque logremos reprimirlo, aunque intentemos escapar de él, disciplinarlo, controlarlo o adecuarlo a diferentes modelos, el conflicto seguirá latente, y esa mente nunca tendrá verdadera calma. A mi entender, es fundamental que la mente esté en calma, porque es el único instrumento que tenemos para comprender, para percibir, para comunicarnos y, a menos que ese instrumento tenga total lucidez, total capacidad de percepción y de investigación sin una finalidad, no habrá libertad ni tranquilidad, por tanto, no será posible descubrir algo nuevo.

Así, ¿es posible vivir en este mundo donde hay tanto desorden, ansiedad e inseguridad, sin ningún afán de logro? Este es uno de nuestros problemas, ¿verdad? Para mí, es una cuestión muy importante, porque la creatividad solo surge cuando la mente está libre del afán de logro. No estoy empleando la palabra "creatividad" en el sentido académico de aprender a escribir, a interpretar como actor, a pensar de modo creativo, y todas estas cosas; la empleo en un sentido por completo diferente. Cuando la mente permanece en un estado donde el pasado, que intenta conseguir la virtud por medio de la disciplina, ha cesado completamente, tan solo entonces surge una creatividad intemporal que podemos llamar Dios, la verdad, o como prefieran llamarlo. Y bien, ¿cómo puede la mente permanecer en ese estado de constante creatividad?

Cuando tienen un problema, ¿qué hacen? Piensan en él, se recrean con él, se enfurecen, se ponen enormemente nerviosos, y cuanto más lo analizan, lo sopesan, le dedican tiempo y se preocupan por él, menos lo comprenden. Sin embargo, en el momento en que dejan de cargar con el problema, inmediatamente lo comprenden, lo ven todo muy claro. Creo que la mayoría hemos tenido esa experiencia. La mente deja entonces de estar confundida, en conflicto y, por tanto, es capaz de recibir o percibir algo totalmente nuevo. Así, ¿puede la mente estar en ese estado de nunca repetir nada, de experimentar todo el tiempo lo nuevo? Creo que eso depende de nuestra comprensión del problema y del significado de cultivar la virtud.

Todos cultivamos la virtud, nos imponemos una disciplina que encaje con cierto modelo de moralidad, pero ¿por qué lo hacemos? Lo hacemos no solo para ser respetables ante los ojos de la sociedad, sino también porque vemos la necesidad de tener orden, de controlar nuestras mentes, de controlar lo que decimos y lo que pensamos. Vemos la tremenda importancia de hacerlo, pero en el proceso de cultivar la virtud fortalecemos la memoria, esa memoria que es el mí, el "yo", el ego. Esta es nuestra tradición, en especial aquellos que se consideran religiosos tienen la tradición de practicar constantemente una disciplina concreta, de pertenecer a ciertas sectas o grupos llamados organizaciones religiosas con sus recompensas que pueden ser en el otro mundo, pero no dejan de ser recompensas. Y como consecuencia de cultivar la virtud, que significa perfeccionar, disciplinar y controlar la mente, estas personas desarrollan y nutren la memoria consciente, y, por tanto, ni por un instante dejan de ser esclavas del pasado.

Si realmente se han disciplinado alguna vez, si han practicado el no ser envidiosos, el no enojarse, etc., me pregunto si han observado que la misma práctica, la misma disciplina de la mente deja una serie de recuerdos en el campo de lo conocido. Esta cuestión que estamos investigando es bastante compleja y espero estar exponiéndola con claridad. Todo ese proceso de decir «No debo hacer esto» crea y fortalece el tiempo, y una mente atrapada en el tiempo, como es obvio, nunca puede experimentar aquello que no pertenece al tiempo, algo que es desconocido. Aun así, la mente necesita orden, necesita estar libre de deseos contradictorios, lo cual no quiere decir que deba amoldarse, aceptar y obedecer.

Ahora bien, si son realmente sinceros, en el sentido en que

empleo esta palabra, es inevitable que se planteen esta cuestión. Sus mentes son el resultado de lo conocido, su mente es lo conocido, ha sido condicionada por los recuerdos, las reacciones y las sensaciones de lo conocido, y una mente atrapada dentro de los límites de lo conocido nunca puede comprender o experimentar lo desconocido, algo que no pertenece al ámbito del tiempo. La mente solo puede ser creativa cuando se ha liberado de lo conocido y, entonces, puede utilizar perfectamente lo conocido, el conocimiento técnico. ¿Lo estoy exponiendo con claridad o todo resulta confuso? [*Risas.*]

Como saben, estamos tan aburridos que constantemente necesitamos leer, adquirir y atesorar conocimientos, ir a las iglesias, practicar rituales, y nunca tenemos un momento que sea original, único, inocente, completamente libre de cualquier sensación; pero ese es el único momento creativo, intemporal, eterno, o cualquiera palabra que quieran emplear. Sin esa creatividad, la vida se vuelve insípida, sin sentido y, en consecuencia, todas nuestras virtudes, conocimientos, anhelos, entretenimientos, nuestra diversidad de creencias y tradiciones carecen de sentido. Como decía el otro día, la sociedad se limita a cultivar lo conocido y nosotros somos producto de esa sociedad. Para descubrir lo desconocido, es necesario estar libre de la sociedad, lo cual no significa que uno deba retirarse a un monasterio, rezar de la mañana a la noche, disciplinarse constantemente, adoptar ciertas creencias y obedecer ciertos dogmas, porque con toda seguridad eso no liberará a la mente de lo conocido.

La mente es el resultado de lo conocido, es un producto del pasado, el cual es la acumulación en el tiempo; entonces, ¿es posible que una mente en estas circunstancias se libere de lo conocido sin ningún esfuerzo, de manera que pueda descubrir algo original? Porque cualquier esfuerzo que haga por liberarse, cualquier búsqueda para encontrar algo, seguirá siendo parte de lo conocido. Es evidente que Dios, o la verdad, debe ser algo por completo inimaginable, algo enteramente nuevo, jamás formulado, nunca descubierto o experimentado con anterioridad. Por consiguiente, ¿cómo puede una mente que es el producto de lo conocido experimentar eso? ¿Entienden la dificultad? Si realmente la cuestión está clara, entonces encontrarán la manera correcta de afrontarlo, y no será un método.

Por eso es importante averiguar si uno puede ser bueno, en el pleno sentido de esa palabra, no intentar ser bueno, ni hacer ningún esfuerzo para estar libre de la envidia, de la ambición, de la crueldad, ni imponerse una disciplina para dejar de ser chismoso, ya saben, todo el cúmulo de restricciones que nos imponemos con el fin de ser buenos. O sea, ¿puede haber bondad sin intentar ser bondadoso? Creo que solo es posible si cada uno de nosotros sabe escuchar, si sabemos estar atentos, ahora, en ese instante; porque la bondad solo existe cuando hay completa atención. Vean la verdad de que no puede haber bondad por medio de intentos y esfuerzos, simplemente vean la verdad de esto; y la verán únicamente si prestan toda su atención a lo que se está diciendo. Olvídense de los libros que hayan leído, de las cosas que les hayan contado, y permanezcan completamente atentos a la afirmación de que no puede haber virtud mientras uno se esfuerce por ser virtuoso. Mientras me esfuerce por dejar de ser violento, habrá violencia; mientras me esfuerce por dejar de ser envidioso, seré envidioso; mientras intente ser humilde, seré orgulloso. Si comprendo esa verdad, no intelectual o verbalmente, escuchando palabras y estando de acuerdo con ellas, sino de forma sencilla y directa, entonces, de esa comprensión nace la bondad. Pero la dificultad es que la mente dice: «¿Cómo puedo conservar este estado? O, puede que eso tenga cierta validez mientras estoy aquí sentado escuchando algo que siento que es verdad, pero en el momento en que salga quedaré atrapado de nuevo en la corriente de la envidia». No creo que eso importe ahora; ya lo averiguarán por sí mismos.

Nuestra cultura, nuestra sociedad está basada en la envidia, en diversas formas de adquisición, ya se trate de conocimientos, experiencias, propiedades, o lo que sea. Pero nosotros decimos que liberarnos de todo ello no requiere voluntad, ni esfuerzo, sino comprender el significado del esfuerzo. Un hombre que acumula conocimientos no tiene paz, porque está atrapado en el esfuerzo; y solo cuando la mente está libre de todo esfuerzo tiene paz, ese estado realmente extraordinario; creo que cualquiera puede tenerlo si pone su corazón, toda su atención en este asunto. Una mente que deja de esforzarse, que no intenta ser alguien social o espiritualmente, una mente que no es nada, solo una mente así puede percibir lo nuevo.

INTERLOCUTOR: Algunos filósofos aseguran que la vida tiene un propósito y un sentido, mientras que otros sostienen que la vida es un puro azar y un absurdo. ¿Qué opina usted? Porque si niega la validez de las metas, de los ideales y de las motivaciones, sin todo eso, ¿qué valor tiene la vida?

KRISHNAMURTI: ¿Qué importancia puede tener para cada uno de nosotros lo que digan los filósofos? Algunos intelectuales dicen que la vida tiene un sentido, un significado, mientras que otros la consideran un azar y un absurdo. Sin duda, a su manera, unos y otros le dan un significado a la vida, ya sea negativo o positivo, ¿no es cierto? Unos afirman y otros niegan, pero todos vienen a ser lo mismo; eso es bastante obvio.

Ahora bien, cuando uno persigue un ideal, una meta, o pregunta cuál es el propósito de la vida, esa misma pregunta o búsqueda está basada en el deseo de darle un significado a la vida, ¿no le parece? No sé si entiende todo esto.

Como mi vida no tiene ningún sentido, supongamos que sea así, intento encontrar uno. Me pregunto: «¿Cuál es el propósito de la vida?», porque si la vida tiene un propósito, entonces viviré de acuerdo con este propósito. Por eso invento, imagino un propósito; o sino, a través de mis lecturas, de mis preguntas, de mi búsqueda le encuentro un propósito. Así, le doy un significado a la vida. Al igual que el intelectual le da su propio sentido a la vida al negar o afirmar que tiene un propósito y un significado, nosotros también lo hacemos por medio de nuestros ideales, de la búsqueda de una meta, Dios, el amor o la verdad. En realidad, eso significa que si no le damos a la vida un significado, nuestra propia vida pierde todo valor para nosotros, el simple vivir no tiene importancia, por eso, queremos darle un significado. No sé si se dan cuenta de eso.

Dejando a un lado lo que opinan los filósofos, ¿cuál es el sentido de nuestra vida, la suya y la mía? ¿Tiene algún sentido o nosotros le damos un sentido por medio de nuestras creencias, del mismo modo que un intelectual que se hace católico, o lo que sea, encuentra de ese modo un refugio? Una vez que su intelecto lo ha destrozado todo, no puede estar solo, no resiste la soledad, etc., de modo que necesita creer en el catolicismo, en el comunismo, o en cualquier otra cosa que le sirva de sustento y que le dé sentido a su vida.

Me pregunto pues: ¿por qué necesitamos que la vida tenga un sentido, y qué significa vivir sin darle ningún sentido? ¿Entienden? Nuestra propia vida es vacía, atormentada, solitaria, y por esa razón queremos darle un sentido. Ahora bien, ¿es posible darnos cuenta de nuestro propio vacío, de nuestra soledad y sufrimientos, de todas las penalidades y los conflictos de nuestra existencia sin tratar de evadirnos, sin darle un significado artificial a la vida? ¿Podemos ser conscientes de esta cosa tan extraordinaria que llamamos vida, que incluye el trabajo, la envidia, la ambición, la frustración, darnos cuenta de todo eso, simplemente, sin condenarlo o justificarlo, ni tratar de ir más allá? Creo que mientras busquemos o le demos un sentido a la vida nos perderemos algo extraordinariamente vital. Es como el hombre que quiere descubrir el significado de la muerte y constantemente la racionaliza, la describe, pero nunca experimenta lo que es la muerte. En una futura charla investigaremos la muerte.

En cualquier caso, ¿no intentamos todos encontrar la razón de nuestra existencia? Cuando realmente amamos, ¿tenemos algún motivo para amar o es el amor el único estado que no tiene motivos, explicaciones, luchas, ni intentos de ser algo? Como no conocemos ese estado, tratamos de imaginarlo, de darle así un significado a la vida, pero como nuestras mentes están condicionadas, como son limitadas y mezquinas, cualquier significado que le demos a la vida, a nuestros dioses, rituales o afanes, será igualmente mezquino.

Entonces, ¿no les parece importante que por nosotros mismos averigüemos qué sentido le damos a la vida, si es que le damos alguno? Sin lugar a dudas, los propósitos, las metas, los maestros, los dioses, las creencias y los fines a través de los cuales esperamos encontrar la plenitud, todos son invención de la mente, son el resultado de nuestro condicionamiento. Si realmente nos damos cuenta de esto, ¿no consideran que es importante descondicionar la mente? Cuando la mente deja de estar condicionada y, por consiguiente, no le da ningún significado a la vida, entonces la vida es algo extraordinario, algo totalmente diferente de una construcción mental. No obstante, en primer lugar, debemos conocer nuestro condicionamiento. Y ¿es posible conocer nuestro condicionamiento, nuestras limitaciones, nuestro trasfondo, sin forzar, sin analizar ni tratar de potenciar o reprimir nada? Porque detrás de todas estas acciones hay una entidad que observa y se separa de lo observado, ¿no es cierto?, y mientras exista el observador y lo observado el condicionamiento seguirá. Por más que el observador, el pensador, el censor intente liberarse de su condicionamiento, seguirá atrapado en ese condicionamiento, porque la división misma entre el pensador y el pensamiento, entre el experimentador y la experiencia, perpetúa el condicionamiento; eliminar esa división es extremadamente difícil, porque está implicado todo el problema de la voluntad.

Nuestra cultura se basa en la voluntad, la voluntad de ser, de llegar a ser, de lograr, de alcanzar y, debido a eso, en cada uno de nosotros está siempre la entidad que intenta cambiar, controlar, modificar todo lo que observa. Pero ¿hay alguna diferencia entre lo que observa y ella misma, o son la misma cosa? No se trata de simplemente aceptarlo, uno debe reflexionar, investigar con inmensa paciencia, con delicadeza y con cautela, para que la mente deje de separarse de lo que piensa, para que el observador y lo observado sean psicológicamente uno. Mientras psicológicamente me separe de eso que percibo dentro de mí como envidia, seguiré tratando de superar esa envidia; pero ¿es ese "yo" que se esfuerza por superar la envidia diferente de la misma envidia? ¿O ambos son lo mismo, solo que el "yo" se separa de la envidia para poder vencerla, porque la envidia le hace daño o por cualquier otra razón? De modo que esa división precisamente es la que causa la envidia.

Quizá no estén acostumbrados a pensar de esta forma y les resulte demasiado abstracto, pero una mente envidiosa jamás tendrá quietud porque siempre vivirá comparando, tratando de llegar a ser algo que no es. Si uno profundiza realmente en esta cuestión de la envidia, con seriedad, hasta el mismo fondo, es inevitable que surja la pregunta de si la entidad que desea liberarse de la envidia no es la misma envidia. Cuando uno se da cuenta de que la misma envidia es la que quiere eliminar la envidia, entonces la mente puede observar este sentimiento llamado envidia sin necesidad de condenarla, ni tratar de liberarse de ella. A partir de ahí, surge la siguiente pregunta: ¿existen los sentimientos si no utilizamos palabras? Porque la misma palabra "envidia" implica condena, ¿no es cierto? ¿Estoy hablando de demasiadas cosas a la vez?

Profundicemos un poco más. ¿Existe realmente el sentimiento de la envidia si no nombro ese sentimiento? El simple hecho de nombrarlo, ¿no refuerza ese sentimiento? El sentimiento y el nombrarlo son casi simultáneos, ¿verdad? Ahora bien, ¿es posible separarlos de tal modo que solo sintamos la reacción sin nombrarla? Si lo investigan con seriedad descubrirán que cuando no se nombra el sentimiento, la envidia cesa por completo; no solo la envidia que uno siente de que alguien sea más atractivo, tenga un automóvil mejor, o cualquiera de esas tonterías, sino que desaparece la enorme profundidad de la envidia, su misma raíz. Todos somos envidiosos, de una manera u otra no hay nadie que no sienta envidia, pero la envidia no es solo algo superficial, sino que abarca todo lo que representa la comparación, lo cual está arraigado muy profundamente y ocupa una gran parte de nuestras mentes; y para liberarnos radicalmente de la raíz de la envidia no puede haber un censor, un observador que intente deshacerse de ella. En otro momento lo investigaremos más a fondo.

I: Vivir sin condenar, sin justificar o comparar, significa que uno ha alcanzado un estado de consciencia muy elevado. Si no he alcanzado ese estado, ¿cómo puedo llegar a él?

K: Si observa la pregunta misma, «¿cómo puedo llegar a él?», verá que es una pregunta envidiosa. [*Risas.*] No se rían, señores, por favor, presten atención. Si queremos conseguir algo recurrimos a métodos, disciplinas, religiones e Iglesias, y toda esa superestructura está edificada en base a la envidia, a la comparación, a la justificación y a la condena. Nuestra cultura se basa en esta división jerárquica entre aquellos que tienen más y aquellos que tienen menos, entre los que saben y los que no saben, entre aquellos que son ignorantes y aquellos que rebosan de sabiduría, por eso nuestra forma de abordar los problemas es totalmente errónea. El interlocutor dice que «vivir sin condenar, sin justificar o comparar, significa que uno ha alcanzado un estado de consciencia muy elevado». Ahora bien, ¿es eso cierto? ¿O simplemente no nos damos cuenta de que siempre estamos condenando y comparando? ¿Por qué primero afirmamos que se trata de un estado de consciencia muy elevado y luego, a partir de ahí, creamos el problema de cómo llegar a él, y de quién nos ayudará a conseguirlo? ¿No creen que es mucho más simple que todo esto?

Es decir, no nos conocemos a nosotros mismos en absoluto, no nos damos cuenta de que condenamos y comparamos. Pero si somos capaces de observarnos a nosotros mismos diariamente sin justificar ni condenar nada, simplemente observando que nunca pensamos sin comparar, sin juzgar o evaluar, entonces esa misma observación es más que suficiente. Normalmente decimos: «Este libro no es tan bueno como aquel otro», «Este hombre es mejor que aquel otro», etc.; siempre está ese proceso de comparación, y creemos que al comparar las cosas, llegaremos a comprenderlas, pero ¿es así? ¿O la comprensión tan solo llega cuando dejamos de comparar y estamos realmente atentos? ¿Interviene la comparación cuando observamos algo con mucha atención? Si uno está realmente atento, no tiene tiempo de comparar, ¿verdad? En el momento en que uno compara, la atención se ha ido en otra dirección; si dice «Esta puesta de sol no es tan hermosa como la de ayer», en realidad ha dejado de observar la puesta de sol actual, su mente ha regresado al recuerdo de ayer. Sin embargo, si es capaz de observar la puesta de sol actual con toda su atención, con todo su ser, entonces no hay comparación alguna; eso es así.

Por tanto, la cuestión no es cómo conseguir algo, sino porqué no estamos atentos; y es obvio que no estamos atentos porque no tenemos interés. No pregunten ahora: «¿Cómo lograré ese interés?». Eso es irrelevante, esa no es la cuestión. ¿Por qué deberían estar interesados? Si no tienen interés en escuchar lo que se está diciendo, ¿por qué preocuparse? Pero están preocupados porque sus vidas están llenas de envidia, de sufrimiento, y por eso quieren encontrar una respuesta, quieren encontrar un sentido a sus vidas; si quieren encontrarle un sentido, presten toda su atención. El problema es que no somos realmente serios acerca de nada, serios en el sentido real de la palabra. Cuando uno está completamente atento a algo no espera conseguir nada a cambio, ¿lo han observado? En ese momento de atención total no hay ninguna entidad que intente cambiar, modificar, ni lograr nada; no hay un "yo". En el momento que hay atención, el "yo", el ego, está ausente; y en ese instante de atención hay bondad y amor.

«Si queremos comprender el problema del sufrimiento y, quizá, ponerle fin, no podemos pensar en términos de mejora, porque un hombre que piensa en términos de mejora, en términos de tiempo, soñando que mañana será feliz, vivirá sumido en el sufrimiento».

«El crecimiento personal perpetúa el sufrimiento, no pone fin al sufrimiento».

CUARTA CHARLA EN OAK GROVE

14 de agosto de 1955

Mejorar, revolución, progreso

Me parece que una de las cuestiones más difíciles de comprender es el problema del cambio psicológico. Vemos que hay progreso en diferentes áreas y a eso lo llamamos evolución, pero ¿hay realmente un cambio en el progreso? No sé si alguna vez les ha interesado este problema o si han reflexionado detenidamente acerca de ello, pero quizá valdría la pena dedicar la mañana a explorar esta cuestión.

Vemos que hay progreso en el sentido más evidente de la palabra: tenemos nuevos inventos, mejores automóviles, aviones, frigoríficos, la paz superficial de una sociedad progresista, etc., pero ¿puede generar ese progreso una transformación radical en el ser humano, en cada uno de nosotros? Es cierto que superficialmente ha modificado nuestra conducta en la vida, sin embargo, ¿ha transformado de verdad nuestro pensar? Si no es así, ¿qué puede generar esa completa transformación? Creo que esta es una cuestión que vale la pena examinar. Está la mejora del crecimiento personal, mañana seré mejor, más generoso y amable, menos envidioso y codicioso, pero

¿puede generar el crecimiento personal un cambio completo en nuestra forma de pensar o solo se limita a una mejora y no a un cambio real? El progreso implica tiempo, ¿no es así? Hoy soy así y mañana seré mejor; es decir, en el crecimiento personal, en la renuncia o el sacrificio hay una progresión, un avance gradual hacia una vida mejor, lo cual significa adaptarse superficialmente al entorno, a un modelo de mejora, seguir condicionado de una manera más noble, etc. Podemos ver que constantemente sucede ese proceso, y creo que deben preguntarse, como yo lo hago, si el progreso puede traer una revolución radical.

A mi entender, lo que de verdad importa no es una mejora, sino una revolución, por favor, no se horroricen al escuchar la palabra "revolución", como le sucede a la mayoría de la gente en una sociedad tan progresista como esta, porque según creo, a menos que comprendamos la enorme necesidad de producir, no una simple mejora social, sino un cambio radical en nuestra actitud, el mero progreso solo aumenta el sufrimiento. Puede que consiga apaciguar, calmar el sufrimiento, pero no terminará con el sufrimiento, siempre estará latente. Después de todo, el progreso, en el sentido de mejorar a lo largo de un periodo de tiempo, en realidad es un proceso del "yo", del ego. Es evidente que en el crecimiento personal hay cierta mejora, que consiste en poner todo el empeño en ser bueno, en ser más esto o aquello, etc. De la misma manera que mejoran los frigoríficos y los aviones, también mejora el "yo", pero esa mejora o progreso no libera a la mente del sufrimiento.

Por tanto, si queremos comprender el problema del sufrimiento y, quizá, dejar de sufrir, no podemos pensar en términos de progreso, porque si pensamos en términos de progreso, de tiempo, diciendo que mañana seremos felices, seguiremos viviendo en el sufrimiento. Para comprender este problema, debemos investigar toda la cuestión de la consciencia, ¿no es cierto? ¿Les parece un tema demasiado complejo? Voy a seguir adelante y veremos qué sucede.

Si de verdad quiero comprender el sufrimiento y dejar de sufrir, debo descubrir no solo las implicaciones del progreso, sino también esa entidad que quiere mejorarse a sí misma, y el motivo que la impulsa a mejorar. Todo esto forma parte de la consciencia, tanto de la superficial en su actividad cotidiana (el trabajo, la familia, la necesidad de adaptarse constantemente al entorno social, haciéndolo de forma alegre, con facilidad, o al precio de la contradicción interna y la neurosis), como también de la consciencia a un nivel más profundo, que es la gran herencia social del ser humano desarrollada durante siglos: la voluntad de existir, la voluntad de modificar las cosas, la voluntad de llegar a ser. Si quiero producir una revolución fundamental en mí mismo, sin duda, debo comprender en su totalidad lo que significa mejorar la consciencia.

Podemos ver con toda certeza que el progreso no ha generado una revolución, no me refiero a una revolución social o económica, porque esa clase de revolución es muy superficial, creo que la mayoría estamos de acuerdo. Derrocar un sistema económico o social para establecer otro distinto no modifica ciertos valores establecidos, como hemos podido comprobar en Rusia y en otras revoluciones históricas. Estoy hablando de esa revolución psicológica que es la verdadera revolución, y un hombre religioso debe estar en ese estado de revolución; de todo eso hablaremos dentro de un momento.

Para tratar con seriedad esta cuestión del mejorar, debemos prestar atención y comprender el proceso total de la conciencia; ¿entienden? A menos que uno realmente comprenda lo que es la consciencia, el simple ajuste superficial, aunque pueda tener un efecto social y, tal vez, traer una forma de vida mejor, más alimentos, menos hambre en Asia o menos guerras, nunca resolverá el problema fundamental del sufrimiento. Sin comprender, sin resolver e ir más allá de la demanda que genera el sufrimiento, el mero ajuste social da continuidad a esa semilla latente del sufrimiento. Así pues, es necesario comprender qué es la consciencia, no según alguna filosofía, psicología o descripción, sino experimentando de forma directa el estado real de mi consciencia y de todo su contenido.

Tal vez nosotros podamos experimentar con todo esto esta mañana. Voy a explicar lo que es la consciencia, pero a medida que lo vaya haciendo no sigan únicamente las palabras, sino más bien observen el proceso de su propio pensar y, entonces, descubrirán por sí mismos lo que es la consciencia sin necesidad de leer ninguno de los relatos contradictorios que los diferentes expertos han dado, ¿de acuerdo? Porque si expongo algo y se limitan a escuchar la descripción, eso tendrá muy poco valor, pero si a través de la descripción experimentan su propia consciencia, su propio proceso de pensamiento, entonces lo que escuchen tendrá una enorme trascendencia, no mañana ni algún otro día que tengan tiempo para pensarlo, lo cual es absurdo porque simplemente lo están aplazando. Si a través de la descripción pueden experimentar el verdadero estado de su propia consciencia mientras están aquí sentados en silencio, en ese momento verán que la mente es capaz de liberarse a sí misma de su enorme condicionamiento heredado, de todas las acumulaciones y los edictos de la sociedad, y es capaz de ir más allá de su propia identidad. De modo que valdrá la pena si lo experimentan.

Estamos intentando descubrir por nosotros mismos qué es la consciencia y si es posible que la mente se libere del sufrimiento; no se trata de cambiar el modelo del sufrimiento ni de adornar la cárcel del sufrimiento, sino de liberarse por completo de la semilla, de la raíz del sufrimiento. Cuando lo investiguemos, veremos la diferencia entre mejorar y la revolución psicológica, que es necesaria si queremos poner un fin definitivo al sufrimiento. No se trata de modificar la conducta de nuestra consciencia ni de intentar hacer nada al respecto, simplemente observemos.

Sin lugar a dudas, por poco observadores que seamos, por poco que nos demos cuenta de las cosas, todos vemos las actividades de la consciencia superficial. Vemos que la mente está muy activa en el nivel superficial, ocupada en adaptarse, en trabajar para asegurarse la subsistencia, en expresar ciertas tendencias, dones, talentos o en adquirir ciertos conocimientos técnicos; y la mayoría de nosotros nos contentamos con vivir en ese nivel superficial.

Por favor, no se limiten a escuchar lo que digo, obsérvense a sí mismos, observen su modo de pensar. Estoy describiendo lo que sucede superficialmente en nuestra vida cotidiana: las distracciones, las evasiones, el miedo súbito en algunos momentos, el adaptarse a la esposa, al esposo, a la familia, a la sociedad, a la tradición, etc.; la mayoría nos contentamos con esa superficialidad.

Ahora bien, ¿es posible ir más hondo y descubrir los motivos de ese conformismo superficial? De nuevo, por poco que observen todo este proceso, verán que depender de opiniones, de valores, de aceptar la autoridad, etc., todo eso nace de la propia perpetuación y búsqueda de seguridad. Si pueden ahondar aún más, encontrarán un gran trasfondo de instintos raciales, nacionales y grupales, todo lo que el ser humano ha acumulado en forma de luchas, conocimientos, esfuerzos, dogmas, y tradiciones como la hindú, la budista o la cristiana, el residuo de la supuesta educación recibida a lo largo de los siglos, todo lo cual ha condicionado la mente a cierto modelo heredado. Y si son capaces de profundizar aún más, descubrirán el deseo primario de ser, de triunfar, de devenir, que se expresa a sí mismo en la superficie adoptando diversas formas de actividad social, que generan profundos miedos y ansiedades. Resumiendo, todo este conjunto constituye nuestra consciencia; es decir, nuestro pensar se basa en esa necesidad imperiosa de ser, de llegar a ser, y sobre esta base descansan las numerosas capas de la tradición, la cultura, la educación, y el condicionamiento superficial de una sociedad concreta, todo eso nos obliga a ajustarnos a un determinado modelo que nos permita sobrevivir. Por supuesto, existen muchos otros detalles y sutilezas, pero en esencia eso es nuestra consciencia.

Por consiguiente, cualquier mejora que se haga en esa consciencia es un crecimiento personal, y el crecimiento personal perpetúa el sufrimiento, no termina con él. Si uno lo mira con detenimiento, es bastante obvio. Por tanto, si la mente quiere realmente dejar de sufrir, ¿qué debe hacer? No sé si alguna vez han reflexionado sobre esta cuestión, pero, por favor, háganlo ahora.

De alguna manera todos sufrimos, ¿no es cierto? Y lo hacemos no solo a causa de las enfermedades, de las dolencias físicas, sino también a causa de la soledad, de la pobreza de nuestro propio ser; sufrimos porque no recibimos el amor esperado, sufrimos cuando amamos a alguien y nuestro amor no es correspondido. Pensar en cualquier dirección es invitar al sufrimiento, por eso decidimos que es mejor no pensar y, en consecuencia, aceptamos una creencia y nos estancamos en esa creencia, a la cual llamamos religión.

Y bien, una vez que la mente se da cuenta de que es imposible dejar de sufrir mediante el crecimiento personal, mediante el progreso, lo cual es bastante obvio, ¿qué hará la mente, entonces? ¿Puede la mente ir más allá de esa consciencia, más allá de las diversas demandas y deseos contradictorios? Y ¿necesita tiempo para hacerlo? Por favor, sigan esto, no solo verbalmente, sino en lo profundo. Si necesitamos tiempo, entonces regresamos de nuevo a eso que representa progresar. ¿Se dan cuenta de esto? Dentro de la estructura de la consciencia, todo movimiento en cualquier dirección es una mejora personal, por tanto, perpetúa el sufrimiento. Podemos controlar el sufrimiento, disciplinarlo, reprimirlo, racionalizarlo, refinarlo al máximo, pero el potencial cualitativo del sufrimiento sigue estando presente. De modo que para dejar de sufrir debemos estar libres de ese potencial, libres del origen del "yo", del ego, de todo el proceso del devenir. Para ir más lejos, todo ese proceso debe terminar, pero si pregunta: «¿Cómo puedo hacerlo?», entonces ese "cómo" se convierte en un método, en una práctica, lo cual sigue siendo progreso, por tanto, no se trasciende nada, porque refinar la consciencia es sufrir. Espero que entiendan todo esto.

La mente piensa en términos de progreso, de mejora, de tiempo, y ¿es posible que esa mente, al ver que el llamado progreso perpetúa el sufrimiento, dejé de pensar así inmediatamente, no mañana o dentro de un tiempo? De no hacerlo, estaremos de vuelta a la rutina de siempre, a la vieja rueda del sufrimiento. Si el problema se plantea y se comprende con claridad, entonces uno encuentra la respuesta definitiva, empleo el término "definitivo" en su verdadero sentido. No existe otra respuesta a la pregunta.

O sea, nuestra consciencia está esforzándose todo el tiempo para adaptarse, modificarse, cambiarse, para asimilar, rechazar, valorar, condenar, justificar, pero cualquiera de esos movimientos de la consciencia sigue siendo parte del esquema del sufrimiento. Cualquier movimiento dentro de esa consciencia, ya sea en forma de sueños o del ejercicio de la voluntad, es un movimiento del "yo", y no importa si es en busca de lo más elevado o de lo más mundano, seguirá produciendo sufrimiento. Cuando la mente se da cuenta de esto, ¿qué sucede, entonces? ¿Entienden la pregunta? Cuando la mente ve la verdad de esto, no solo verbalmente, sino en su totalidad, ¿existe el problema? ¿Qué problema hay cuando observo una serpiente de cascabel sabiendo que es venenosa? De la misma manera, si puedo prestar toda mi atención a este proceso del sufrimiento, ¿no está, entonces, la mente más allá del sufrimiento?

Por favor, sigan esto con atención. Nuestras mentes están actualmente dominadas por el sufrimiento y por cómo dejar de sufrir, tratando de superarlo, de eliminarlo, de modificarlo, de refinarlo, o de escapar de él de diferentes maneras. Pero si me doy cuenta, no solo de modo superficial sino completamente, de que ese sufrimiento que domina la mente se debe a la actividad del "yo" que crea el sufrimiento, si realmente veo la verdad de esto, ¿no habrá trascendido la mente esa cosa que llamamos la propia consciencia?

Expongámoslo de forma diferente. Nuestra sociedad se basa en la envidia, en la codicia, no solo aquí, en Estados Unidos, sino también en Europa o en Asia; y nosotros somos el producto de esa sociedad, que ha existido desde hace cientos, miles de años. Ahora bien, por favor presten atención, si me doy cuenta de que soy envidioso, puedo refinarlo, controlarlo, disciplinarlo, sustituirlo por actividades caritativas, reformas sociales, o lo que sea, pero la envidia sigue ahí, escondida, lista para actuar. Luego, ¿puede la mente liberarse por completo de la envidia? Porque es inevitable que la envidia genere conflicto, la envidia es un estado en el que no hay creatividad, y un hombre que quiere descubrir lo que es la creatividad es evidente que debe estar libre de toda envidia, de toda comparación, de todas sus demandas de ser o de llegar a ser.

La envidia es un sentimiento que identificamos con una palabra, identificamos este sentimiento dándole un nombre, el término "envidia". Voy a ir despacio, pero, por favor, presten atención porque se trata de la descripción de nuestra consciencia. Sentimos cierto sentimiento y le damos un nombre, lo llamamos "envidia", pero la palabra "envidia" tiene una connotación condenatoria, y debido a que lleva implícito un significado social, moral y espiritual que forman parte de la tradición en la que hemos sido educados, eso hace que al emplear esa palabra esté condenando el sentimiento, y con esa condena se inicia el proceso de mejoramiento del "yo". Cuando condeno la envidia, avanzo en la dirección opuesta, que es no sentir envidia, pero en realidad ese movimiento sigue siendo parte del mismo centro, que es envidioso.

Por consiguiente, ¿puede la mente dejar de nombrar? Cuando surja el sentimiento de celos, de lujuria o la ambición de ser algo, ¿puede la mente, que ha sido educada en base a las palabras, a condenar, a nombrar las cosas, puede esa mente detener por completo todo ese proceso del nombrar? Experimenten con ello y verán lo arduo que resulta no nombrar un sentimiento. El sentimiento y el nombrar son casi simultáneos, pero si no nombramos, ¿existe, entonces, el sentimiento? ¿Tiene ese sentimiento continuidad cuando no se le nombra? ¿Entienden lo que se está diciendo, o es demasiado abstracto? No estén de acuerdo o en desacuerdo conmigo, porque esta no es mi vida, es la suya.

Todo el problema de nombrar un sentimiento, de adjudicarle una palabra, es parte del problema de la consciencia. Tomemos por ejemplo la palabra "amor". ¡Cómo de inmediato sus mentes se alegran al escuchar esa palabra! Esa palabra tiene tanta trascendencia, tanta belleza, tanta dulzura, etc., todo lo contrario que la palabra "odio", que tiene otro significado diferente, algo que debemos evitar, descartar, ignorar, etc. De modo que tanto si somos o no conscientes, las palabras ejercen un gran impacto psicológico en la mente.

Ahora bien, ¿puede la mente estar libre de palabras? Si es así, y debe serlo porque de lo contrario usted no puede ir muy lejos, entonces la pregunta que surge es: ¿aparte de la experiencia existe un experimentador? Si aparte de la experiencia hay un experimentador, entonces la mente estará condicionada porque el experimentador siempre aceptará o rechazará la experiencia, interpretará cada experiencia según su agrado o desagrado, dependiendo del trasfondo que tenga su propio condicionamiento; si tiene una visión, seguramente creerá haber visto a Jesús, al Maestro, o Dios sabe qué más, cualquier tontería. Por tanto, mientras existe un experimentador, seguirá el sufrimiento, que es el proceso de identificación con la propia identidad de uno.

De manera que para ir más lejos, para trascender todo eso, se requiere una enorme atención, y esa atención total en la que no hay elección alguna, ningún deseo de llegar a ser algo, de cambiar, de alterar nada, libera la mente por completo del proceso de identificación con la propia identidad de uno, porque no hay ningún experimentador que acumule experiencias; tan solo entonces la mente puede decir que se ha liberado del sufrimiento. Así pues, acumular es la causa del sufrimiento. No morimos cada día a todas las cosas; no morimos a las innumerables tradiciones, a la familia, a nuestras propias experiencias, a nuestro deseo de hacer daño a otro. Uno debe liberarse de todo de instante en instante, de los múltiples recuerdos acumulados, pues solo entonces la mente se libera del "yo", que es la entidad que ha acumulado.

Si juntos examinamos esta cuestión, tal vez, podamos aclarar lo que se ha dicho.

INTERLOCUTOR: ¿Qué es el inconsciente?, ¿también está condicionado? Si lo está, entonces, ¿qué debemos hacer para liberarnos del condicionamiento?

KRISHNAMURTI: En primer lugar, ¿no está nuestra consciencia condicionada, esa consciencia que está activa durante el día? ¿Sabe lo que significa la palabra "condicionado"? Nos han educado de determinada manera, aquí en este país están condicionados como americanos, lo que quiera que eso signifique, están educados según el estilo de vida americano, y en Rusia los educan según el estilo de vida ruso; en Italia, los católicos educan a sus hijos a pensar de determinada manera, que es otra forma de condicionamiento; mientras que en la India, en Asia, en los países budistas, están condicionados de forma diferente. En todos los lugares del mundo existe ese proceso deliberado de condicionar la mente por medio de la educación, del entorno social, del miedo, del trabajo, de la familia; ya conocen las innumerables formas de influenciar la mente superficial, la consciencia en su actividad cotidiana.

Además está el inconsciente, es decir, la capa de la mente que yace debajo de la superficie, y el interlocutor quiere saber si también está condicionada. ¿No está el inconsciente condicionado por todo el pensamiento racial, por los motivos y deseos ocultos, por las respuestas instintivas de una cultura determinada? Se supone que soy hindú, nacido en la India, educado en el extranjero, etc.; a medida que investigo el inconsciente y lo comprendo, veo que soy hindú con todas las creencias brahmánicas, con sus respuestas simbólicas, culturales y religiosas, todo eso está ahí de forma latente, en cualquier momento puede aparecer, aunque ya da señales de vida, leves insinuaciones a través de los sueños y en los momentos en que la mente consciente no está demasiado ocupada. De manera que el inconsciente está también condicionado.

Si uno lo investiga, es bastante obvio que toda nuestra consciencia está condicionada; no existe ninguna parte o ningún "yo" superior que no esté condicionado. El mismo pensar es el resultado de la memoria, consciente o inconsciente y, por tanto, es el resultado del condicionamiento. Si piensa como socialista, comunista, capitalista, americano, hindú, católico, protestante, o lo que sea, es porque está condicionado de esa forma. Condicionado a creer en Dios, si es que lo está, mientras que el comunista no tiene ese condicionamiento, por eso se ríe y dice: «Usted está condicionado», sin darse cuenta de que él también está condicionado por su sociedad, por el partido al que pertenece, por su literatura, por su no creencia. De modo que todos estamos condicionados y nunca nos preguntamos si es posible liberarnos totalmente de nuestro condicionamiento; lo único que conocemos es el proceso de refinamiento del condicionamiento, que es mejorar dentro del sufrimiento.

Por tanto, si me doy cuenta de esto, no solo verbalmente, sino con toda mi atención, entonces el conflicto termina; ¿entienden lo que quiero decir? Cuando presta atención a algo con todo su ser, es decir, cuando pone toda su mente en comprender algo, el conflicto termina. El conflicto solo surge cuando estamos parcialmente interesados o parcialmente mirando algo y, entonces, al intentar superar ese conflicto empezamos a concentrarnos, pero eso no es atención. En la atención no hay divisiones, no hay distracción, lo cual significa que no hay esfuerzo ni conflicto, y solo por medio de esa atención puedo conocerme a mí mismo, lo cual no es acumular.

Por favor, sigan todo esto. El conocimiento propio no es algo que pueda acumularse, tiene que descubrirse de momento a momento, y para descubrirlo no puede haber acumulación, no puede haber una referencia. Si uno acumula conocimiento propio, entonces cualquier posible comprensión posterior estará dictada por esa acumulación y, por tanto, no será comprensión.

Así pues, la mente solo puede ir más allá de todo condicionamiento cuando observa con atención completa, porque en esa atención total no existe un reformador, un censor, no interfiere una entidad que diga «debo cambiar», lo cual significa que el experimentador ha cesado; no existe un experimentador que acumule. Por favor, es muy importante que comprendan esto, porque, al fin y al cabo, cuando experimentamos algo agradable (una puesta de sol, la danza de una hoja solitaria en un árbol, el reflejo de la luna en el agua, una sonrisa, un paisaje, o lo que sea), la mente de inmediato quiere poseerlo, retenerlo, adorarlo, y eso significa repetir esa experiencia; pero si existe ese afán de repetición, aparece el sufrimiento.

Luego, ¿es posible experimentar sin un experimentador? ¿Entienden? ¿Puede la mente experimentar la fealdad, la belleza, o cualquier cosa, sin esa entidad que dice: «Lo he experimentado»? Porque eso que es la verdad, que es Dios, que es inconmensurable, no puede experimentarse mientras intervenga un experimentador, porque el experimentador es la entidad que reconoce, y si soy capaz de reconocer la verdad, quiere decir que la he experimentado anteriormente, que ya la conozco y, por consiguiente, no es la verdad. Esa es la belleza de la verdad, siempre es intemporal, desconocida, y una mente que es resultado de lo conocido no puede nunca sentirla.

I: Según ha dicho, todas las demandas son en esencia lo mismo. ¿Significa eso que la necesidad del hombre de buscar a Dios es la misma necesidad del hombre que busca mujeres o que se da a la bebida?

K: Todas las necesidades no son iguales, pero todas son necesidades. Usted puede sentir la necesidad de buscar a Dios y yo puedo sentir la necesidad de emborracharme, pero ambos nos sentimos presionados, impulsados, usted en una dirección y yo en otra. Su dirección es respetable y la mía no, es más, yo soy un individuo antisocial. Pero el ermitaño, el monje, la llamada persona religiosa cuya mente está ocupada en la virtud o en Dios en el fondo son como el hombre cuya mente está ocupada en los negocios, en las mujeres o en la bebida, porque la mente de ambos está ocupada, ¿entienden? Uno es apreciado socialmente, mientras que el otro, el hombre cuya mente está ocupada en beber, es socialmente un inadaptado, de modo que juzgamos desde el punto de vista social, ¿no es verdad? El hombre que se retira a un monasterio y reza de la mañana a la noche, que dedica un rato del día a la jardinería, cuya mente está por entero ocupada en Dios, que se censura a sí mismo, se disciplina y se controla, es considerado una persona santa, un hombre extraordinario. Mientras que del hombre de negocios que juega en Bolsa, cuya mente está todo el tiempo ocupada en hacer dinero, decimos que «es un hombre común y corriente, como cualquier otro». Sin embargo, la mente de ambos está ocupada y, a mi entender, el objeto de ocupación de la mente no es lo importante. El hombre cuya mente está ocupada en Dios nunca encontrará a Dios, porque Dios no es una actividad de la mente; Dios es lo desconocido, lo inconmensurable. Uno no puede estar ocupado con Dios, esa es una forma indigna de pensar en Dios.

Lo importante no es en qué se ocupa la mente, sino el hecho de que está ocupada, ya sea con la cocina, con los hijos, con entretenimientos, con la clase de alimentos que uno debe comer, con Dios, o con la virtud. Es decir, ¿debe la mente estar ocupada? ¿Entienden la pregunta? ¿Puede una mente ocupada ver algo que sea nuevo, algo que no sea su propia ocupación? Y ¿qué le sucede a una mente si no está ocupada? ¿Siguen? ¿Existe la mente como tal si no hay ocupación? El científico está ocupado con sus problemas técnicos, con los aspectos prácticos, con las matemáticas, del mismo modo que el ama de casa está ocupada con la cocina o con su bebé. Todos tenemos mucho miedo a no estar ocupados, miedo a las repercusiones sociales. Si uno no estuviera ocupado, podría descubrirse a sí mismo tal como es; de modo que la ocupación se convierte en una forma de evasión de lo que somos.

Así pues, ¿debe estar la mente siempre ocupada? ¿Es posible que la mente deje de estarlo? Por favor, les estoy haciendo una pregunta que no tiene una respuesta previa, porque depende de cada uno descubrirla, y cuando la encuentren, verán qué cosa tan extraordinaria sucede.

Es muy interesante descubrir por uno mismo en qué se ocupa la mente. El artista está ocupado en su arte, en su nombre, en su progreso, en cómo mezclar los colores, en la fama, en la notoriedad; el hombre erudito está ocupado en su conocimiento; el que se dedica a conocerse a sí mismo está ocupado en su propio conocimiento, intentando como una hormiguita darse cuenta de cada pensamiento, de cada movimiento; todos son lo mismo. Tan solo la mente que no está ocupada en nada, que está totalmente vacía, únicamente esa mente puede recibir algo nuevo, algo que no dependa de ninguna actividad. Esa cosa nueva no puede manifestarse mientras la mente siga ocupada.

I: Dice que una mente ocupada no puede recibir eso que es la verdad o Dios, pero ¿cómo puedo ganarme la vida si no me ocupo de mi trabajo? ¿No está usted ocupado en dar estas charlas, que es su forma particular de ganarse la vida?

K: ¡Dios me libre de estar ocupado con mis charlas! No, no lo estoy; ni tampoco es mi forma de ganarme la vida. Si estuviera ocupado no habría intervalo entre los pensamientos, no habría ese silencio que es imprescindible para ver algo nuevo; entonces hablar se volvería demasiado aburrido. No quiero que mis propias charlas me aburran, de manera que no hablo desde la memoria, es algo totalmente diferente. No importa, lo investigaremos en alguna otra ocasión.

El interlocutor pregunta cómo puede ganarse la vida si no está ocupado con su trabajo, pero ¿siente realmente que el trabajo le ocupa? Por favor, escuche con atención. Si el trabajo le ocupa, entonces no ama su trabajo; ¿se da cuenta de la diferencia? Si amo lo que hago no siento que me ocupa, porque mi trabajo no está separado de mí. Pero en este país, y por desgracia empieza a ser un hábito en todo el mundo, se nos enseña a desarrollar habilidades en trabajos que no amamos. Tal vez existan unos pocos científicos, ciertos técnicos experimentados o unos pocos ingenieros que realmente aman lo que hacen, en el sentido total de la palabra, en un momento explicaré lo que eso significa, pero la mayoría no amamos lo que hacemos y por eso estamos ocupados en ganarnos la vida. Si de verdad lo investigan, creo que verán la diferencia entre ambas cosas. O sea, ¿cómo puedo amar lo que hago si todo el tiempo me mueve la ambición e intento por medio de mi trabajo alcanzar cualquier meta para llegar a ser alguien, para triunfar? El artista preocupado en ser famoso, en alcanzar la gloria, que vive comparando, intentando satisfacer su ambición ha dejado de ser artista, es un simple técnico como cualquier otra persona. En realidad, eso significa que para amar algo debe terminar toda ambición, todo deseo de reconocimiento social; de todas maneras es algo corrupto. [*Risas.*]

Por favor, no se rían, señores. No nos han educado ni enseñando a vivir así, la sociedad y la familia nos condicionan a seguir cierta rutina establecida, porque mis antepasados fueron médicos, abogados o ingenieros, y yo también tengo que ser un abogado o un ingeniero. Como la sociedad actual necesita ingenieros, cada vez hay más y más ingenieros. Así es como perdemos el amor por la cosa en sí misma, si es que alguna vez la hemos tenido, cosa que dudo. Cuando uno ama algo no siente que está ocupado, la mente no confabula alcanzar algo ni intenta ser mejor que otro; toda comparación, competitividad, todo deseo de éxito, de logro personal, cesan por completo. Tan solo la mente ambiciosa es la que está ocupada.

Asimismo, una mente ocupada en buscar a Dios, en buscar la verdad, nunca podrá encontrarla, porque aquello en lo que la mente se ocupa es algo que ya conoce. Si uno ya conoce lo inconmensurable, lo que conoce es el producto del pasado, por tanto, no es lo inconmensurable. La realidad no puede medirse, por eso la mente que la descubre no está ocupada en descubrirla; solo existe silencio en la mente, un vacío sin movimiento alguno, y únicamente entonces lo desconocido puede manifestarse.

«Las culturas crean las religiones, no así
el hombre religioso. El hombre religioso
es aquel cuya mente ha descartado la cultura,
el pasado, por tanto, es libre para descubrir
la verdad... Esa persona no es americana, inglesa
o hindú, es un ser humano que no pertenece
a ningún grupo, raza o cultura particular,
por consiguiente, es libre para descubrir
lo que es la verdad, lo que es Dios. Ninguna cultura
ayuda al individuo a descubrir la verdad;
las culturas solo crean organizaciones
que atan al ser humano».

QUINTA CHARLA EN OAK GROVE

20 de agosto de 1955

Control, hábitos, atención, paz

Una de las cuestiones más importantes, que muchos de nosotros seguramente nos hemos planteado, es el control total de la mente, porque uno se da cuenta de que sin tener un control completo, racional y equilibrado de la mente, no es posible conservar esa energía tan necesaria para poder hacer cualquier cosa, sobre todo en asuntos que se refieren a la llamada "búsqueda", la búsqueda de la verdad, de la realidad, de Dios o lo que quieran. Uno se da cuenta, espero, de que la mente necesita estabilidad para poder profundizar en problemas fundamentales, problemas que la mente superficial no puede abordar; pero la dificultad radica en cómo controlar la mente, ¿verdad? Numerosos sistemas de disciplina, diversas sectas religiosas y comunidades monásticas han insistido siempre en la necesidad de tener un control absoluto de la mente. De modo que esta tarde me gustaría investigar si en realidad eso es posible y cómo puede lograrse esa absoluta paz; estoy empleando la palabra "absoluta" en su justo sentido, significa un control completo y total de la mente. Como dije, ese estado de paz es imprescindible porque en ese estado no hay conflicto, malversación, ni distracción de ninguna clase, por tanto, genera enorme energía; y esa mente, al estar en completa paz, es capaz de investigar, de profundizar en la realidad.

Ahora bien, por mucho que se controle, domine y discipline a sí misma, ¿puede una mente mezquina tener paz? La mayoría de nuestras mentes son egocéntricas, están llenas de prejuicios y son limitadas y mezquinas, y una mente mezquina está constantemente ocupada en asuntos muy triviales (el trabajo, las disputas, los resentimientos, el cultivo de la virtud, intentando entender algo, los chismes, su propia evolución, sus problemas), y ¿es posible que una mente así, por mucho que se controle y discipline, sea libre y pueda tener paz? Porque sin libertad, es obvio que la mente no puede estar en paz.

Es decir, una mente que se esfuerza por triunfar, por conseguir un resultado, que trata de alcanzar aquello que no puede tener, es esencialmente una mente estrecha, limitada, condicionada, el mismo esforzarse la hace mezquina, y por mucho que intente permanecer en calma por medio de autocontrol, ¿puede esa mente generar la energía necesaria que nace de una paz profunda y verdadera, o solo creará otra serie de limitaciones y más mezquindad? Espero estar exponiendo el problema con claridad.

Si mi mente es nacionalista, si está atrapada en innumerables creencias, supersticiones, miedos, envidias, resentimientos, en la crueldad de las palabras, de los gestos, del pensamiento, por más que trate de pensar en algo que está más allá de sí misma, seguirá siendo limitada. Por tanto, el problema es cómo terminar con la mezquindad de la mente, ¿no es cierto? Este es uno de los aspectos básicos, y si lo tenemos claro, entonces podemos proceder a investigar qué significa tener el control completo de la mente.

Para descubrir lo que es la verdad, lo que es Dios, o cualquier nombre que le demos, es obvio que uno necesita tener enorme energía, y para conseguirla hacemos toda clase de sin sentidos: recurrimos a los monasterios, nos volvemos maniáticos con la comida, o tratamos de controlar las diferentes pasiones, la lujuria, con la esperanza de canalizar la energía para encontrar algo más allá de la mente. En definitiva, en diferentes maneras, eso es lo que la mayoría de nosotros hacemos. Intentamos controlar nuestros pensamientos y deseos, cultivar la virtud, medir nuestras palabras y nuestros actos, etc., con la intención de ser ciudadanos buenos y respetables, o esperamos canalizar toda esa extraordinaria vitalidad del deseo para descubrir qué hay más allá, pero por mucho que nos esforcemos no será posible descubrirlo mientras no comprendamos la mezquindad de la mente. Cuando una mente mezquina busca a Dios, es obvio que su Dios también es mezquino y su virtud, pura respetabilidad. Así, ¿es posible terminar con la mezquindad? ¿Entienden la pregunta? De acuerdo, entonces sigamos adelante.

Tanto si lo admitimos como si no, nuestras mentes son egoístas, envidiosas, codiciosas, miedosas, mezquinas, pero ¿qué hace que sean así? Sin duda, mientras la mente sea codiciosa seguirá siendo estrecha, limitada, superficial e insignificante. Puede que renuncie a ciertas cosas mundanas y se vuelva codiciosa en busca de conocimientos, de sabiduría, pero seguirá siendo mezquina porque el hecho de acumular desarrolla el deseo de logro, de ganancia, y ese mismo deseo de logro constituye su mezquindad.

Ahora bien, ¿me permiten decir algo sobre la atención? La atención es muy importante, pero la atención es completamente diferente de la concentración, o de ensimismarse en algo. Un niño se queda absorto en un juguete, el juguete le atrae y por eso le presta atención, eso es lo que sucede, ¿verdad? El objeto atrae a la mente, la cautiva, y por eso la mente queda seducida por el objeto. Si algo nos interesa, el objeto de nuestro interés es tan tentador que nos seduce; mientras que si uno deliberadamente se concentra en algo, lo cual es otra manera de quedarse cautivado, entonces es uno quien incorpora el objeto, ¿no es eso lo que hacemos?

Sin embargo, es evidente que estoy hablando de algo diferente, me estoy refiriendo a una atención en la cual no hay ningún objeto, ninguna tensión o conflicto, una atención en la cual uno no queda cautivo ni quiere concentrarse en algo. Cuando escuchan lo que aquí se dice, intentan comprenderlo, por tanto, ese escuchar tiene un objetivo, en consecuencia, se produce un esfuerzo, una tensión, no hay una atención sin interés. Esto es un hecho, ¿no es verdad? Pero si realmente quieren escuchar algo no puede haber tensión, esfuerzo, ni un objetivo que atraiga su atención y queden atrapados; de ser así, entonces están meramente hipnotizados por lo que se dice, por la personalidad de quien les habla, y todas esas bobadas. Si observan cuidadosamente el proceso de quedar atrapado, verán que siempre hay conflicto, una sensación de forcejeo, un esfuerzo por conseguir algo; mientras que en la atención no hay ningún objetivo concreto, sino que uno simplemente escucha como escucharía una música distante o las notas de una canción. En ese estado uno está relajado, atento, no hay tensión alguna.

Así, si me permiten sugerirlo, simplemente estén atentos mientras escuchan lo que se dice; puede que les parezca difícil o incluso nuevo lo que estoy diciendo y eso les confunda, pero si pueden escuchar con esa atención sin esfuerzo, lo que escuchen no les perturbará la mente, aunque tal vez se sientan confundidos por otra razón, lo cual puede que sea bueno. Es muy importante comprender lo que estoy diciendo. Decía que la mente debe estar en completa quietud, pero esa quietud no estará presente mientras la mente se esfuerce por calmarse, porque la mente al esforzarse, en su misma naturaleza es mezquina. Puede que tenga importantes conocimientos enciclopédicos, que sea capaz de entablar ingeniosos debates o haya acumulado una enorme información técnica, pero en esencia la mente seguirá siendo igual de insignificante mientras su actividad se base en la codicia y, por tanto, en el desarrollo de la voluntad, es decir, mientras exista el "yo", esa entidad que quiere poseer, que se esfuerza, que separa y acumula. Puede que esa mente piense en Dios, que se discipline e intente controlar sus deseos a fin de ser virtuosa, a fin de tener más energía para buscar la verdad, etc., pero esa mente es muy estrecha, muy limitada, nunca podrá ser libre y, por consiguiente, tener paz.

De manera que nuestra dificultad consiste en si la mente puede dejar de ser mezquina. ¿Está clara la pregunta? Si está clara, entonces, ¿qué haremos? Uno ve la necesidad de que la mente esté en silencio, en calma profunda, totalmente controlada, pero no controlada por una entidad separada que diga: «Debo controlarla», ¿entienden? O sea, me doy cuenta de la importancia de que la mente tenga paz, pero ¿qué haré para tener esa paz? Si otra parte de la mente dice: «Debo tener paz en la mente», entonces empiezan los conflictos, los controles, la represión, ¿se dan cuenta? Una parte de la mente se impone a la otra intentando impedirle que divague, controlándola, modificándola, disciplinándola, reprimiendo las diversas formas del deseo, por tanto, todo el tiempo hay un conflicto, ¿no es cierto?

Ahora bien, una mente en conflicto es en esencia mezquina, porque tiene como deseo el conseguir algo. Como deseamos que la mente esté en paz, decimos: «Debo controlar la mente, debo moldearla, debo eliminar todos los deseos conflictivos», pero el conflicto seguirá mientras exista este proceso dual en nuestro pensamiento, y ese mismo conflicto es un indicio de mezquindad, porque el conflicto es el resultado del deseo de conseguir algo; entonces, ¿puede la mente erradicar, descartar, todo este proceso ambicioso del logro, de conseguir paz en la mente para encontrar a Dios, o lo que sea? Es decir, mientras escuchan, ¿pueden percibir de inmediato la verdad de lo que se está diciendo? Estoy diciendo que la mente necesita estar en completa y absoluta paz, y que cualquier esfuerzo para conseguir ese estado es un indicio de una mente dividida, una mente que dice: «Sería maravilloso tener esa paz», y de inmediato empieza a perseguir ese estado por medio de la disciplina, del control, mediante varias formas de imposiciones, etc. Sin embargo, si la mente es capaz de escuchar la verdad de esa afirmación, si ve la imperiosa necesidad de que la mente no esté descontrolada, entonces descubrirán que no es necesario ningún esfuerzo para alcanzar ese estado.

¿Resulta demasiado difícil? Me temo que lo es, porque la mayoría pensamos en términos de esfuerzo, siempre está presente esa entidad que se esfuerza por conseguir un resultado, y esa es la razón de que haya conflicto. Al escuchar la afirmación de que la mente debe tener una paz absoluta, no estar descontrolada, o si han leído y reflexionado sobre eso, seguramente dirán: «Debo tener ese estado», de modo que tratan de alcanzarlo mediante el control, la disciplina, la meditación, etc. Pero en ese proceso hay esfuerzo, hay sumisión, se sigue el modelo establecido por la autoridad, y las muchas complicaciones que surgen. Por tanto, cualquier esfuerzo por lograr un resultado, cualquier deseo de conseguir cierto estado, vuelve la mente mezquina, y esa mente nunca puede tener la posibilidad de ser libre y de tener paz. Cuando uno ve con claridad esa verdad, entonces, ¿no surge en la mente una paz absoluta? ¿Comprenden?

Expresándolo de forma diferente, uno puede ver con claridad que se requiere energía para emprender cualquier acción, incluso si quiere hacerse rico, debe dedicar su vida a ello, debe entregar toda su energía. Igualmente, para descubrir aquello que está más allá de cualquier actividad y movimiento de la mente, lo cual implica un profundo conocimiento propio, se necesita toda la energía concentrada. Ahora bien, ¿cómo surge esa energía concentrada? Como vemos su necesidad, decimos: «Debo controlar mi genio», «Debo comer alimentos sanos», «He de moderar el sexo», «Tengo que controlar mis pasiones, mis deseos...»; ya saben, salir por la tangente, todo son tangentes, porque el centro sigue siendo mezquino. En tanto la mente piense en términos de conseguir algo, de obtener un resultado, será ambiciosa, y una mente ambiciosa es por naturaleza muy superficial e insignificante. Es obvio que una mente así, al igual que la de un hombre ambicioso en el mundo, tiene cierta cantidad de energía, pero lo que estamos hablando requiere una energía mucho más profunda, más extensa, sin límites, en la que el "yo" esté por completo ausente.

Así pues, hemos sido condicionados a lo largo de los siglos, tanto en lo religioso y en lo social, como en lo moral, a creer que para conservar nuestra energía debemos controlar la mente, amoldarla a un patrón concreto, o seguir ciertos ideales; pero la pregunta es: ¿puede la mente liberarse de todo eso sin ningún esfuerzo y entrar simultáneamente en un estado de completa paz y quietud? Porque en ese estado no hay tal cosa como la distracción, la distracción solo existe cuando uno quiere avanzar en cierta dirección; si uno dice: «Debo pensar en esto y en nada más», el resto de cosas se convierten en una distracción. Pero si uno está completamente atento, con esa atención sin propósito cuando ha cesado el proceso de conseguir, de cultivar la voluntad para lograr un resultado, entonces verán que la mente tiene una paz, un silencio interno extraordinario, y solo una mente silenciosa es libre para descubrir o para permitir que la realidad se manifieste.

INTERLOCUTOR: ¿Cómo puede uno dejar los hábitos?

KRISHNAMURTI: Si podemos comprender todo el proceso del hábito, quizá entonces podamos eliminar para siempre el mecanismo que crea los hábitos. Simplemente poner fin a un hábito particular es relativamente fácil, pero eso no resuelve el problema. Tenemos todos varios hábitos, somos conscientes de algunos y de otros no, por eso debemos descubrir si la mente está atrapada en el hábito y por qué crea hábitos.

En su mayor parte, ¿no es nuestro pensar un hábito? Desde la niñez nos enseñan a pensar de acuerdo con ciertas pautas, ya sean cristianas, comunistas o hindúes, y no nos atrevemos a salirnos de esas normas porque tenemos miedo de no seguir lo estipulado. De modo que, en esencia, nuestro pensar es un hábito, está condicionado; de ahí que nuestras mentes operan siguiendo los cauces establecidos y, como es natural, también tenemos hábitos superficiales que intentamos controlar.

Ahora bien, si la mente deja por completo de pensar en forma de hábitos, entonces podemos abordar el problema de un hábito superficial de modo muy diferente, ¿entienden? Si realmente investigan, si tratan de averiguar si su mente piensa en forma de hábitos, si es eso lo que de verdad les interesa, entonces el hábito de fumar, por ejemplo, tendrá un significado totalmente distinto. Es decir, si tienen interés en investigar el proceso del hábito en su totalidad, el cual se encuentra en un nivel profundo, abordarán el hábito de fumar de manera muy diferente. Cuando tengan muy claro internamente que quieren terminar con ello de verdad, no solo con el hábito de fumar, sino con todo el proceso de pensar en forma de hábito, ya no lucharán contra el acto automático de tomar un cigarrillo y todo eso, porque verán que cuanto más luchan con ese hábito concreto más vida le dan. Sin embargo, si están atentos, si se dan plena cuenta del hábito sin luchar contra él, verán que ese hábito a su debido tiempo termina y, por tanto, la mente deja de estar ocupada con ese hábito. No sé si están siguiendo todo esto.

En mi interior veo con claridad que quiero dejar de fumar, pero si he tenido este hábito durante muchos años, ¿debo luchar contra él? Es obvio que si lucho contra él lo que hago es reforzarlo. Por favor, comprendan que si lucho contra cualquier cosa le doy vida; si lucho contra una idea, doy vida a esa idea; si lucho contra otra persona, le doy vida para que luche contra mí. De manera que debo ver todo esto con mucha claridad, y solo puedo ver con claridad si observo el problema del hábito en su totalidad y no observo solo un hábito en concreto. Entonces afrontaré este hábito desde un nivel totalmente diferente.

Así que ahora la pregunta es: ¿por qué piensa la mente en forma de hábito, el hábito en las relaciones, en las ideas, en las creencias, etc.? ¿Por qué? Se debe a que básicamente busca seguridad, certeza, permanencia, ¿es eso? La mente odia sentirse insegura y obtiene de los hábitos la seguridad que necesita. No obstante, una mente que se siente segura nunca podrá liberarse del hábito, tan solo una mente que se siente totalmente insegura puede ser libre, lo cual no significa terminar en un asilo o en sanatorio psiquiátrico. Solo la mente que no tiene seguridad alguna, que vive en la incertidumbre, que indaga, que investiga sin cesar, que se libera cada día de toda experiencia, de todo lo que ha acumulado y, por tanto, está en un estado de no saber, tan solo una mente así puede liberarse del hábito, y esa es la forma más alta de pensar.

I: ¿Es posible educar a un niño sin condicionarle? Si eso es posible, ¿cómo se hace? Y si no es posible, ¿existe tal cosa como un condicionamiento bueno y otro malo? Por favor, responda a esta pregunta sin límite alguno. [*Risas.*]

K: «¿Es posible educar a un niño sin condicionarle?» ¿Es posible? No lo creo. Escuchen, por favor, escuchen, vamos a investigarlo juntos. Pero en primer lugar vamos a ver la segunda cuestión, de si existe un condicionamiento bueno y otro malo.

De hecho, lo único que existe es condicionamiento, ni bueno ni malo. Tal vez, alguien puede considerar que creer en Dios es un buen condicionamiento, pero otra persona de la Rusia comunista diría: «Eso es una tontería, es un condicionamiento malo». Es evidente que uno puede considerar que cierto condicionamiento es bueno y otro puede considerarlo malo; así que no hay mucho más que decir.

La otra pregunta es si es posible educar a los niños sin condicionarles, sin influenciarles. Sin duda, todo lo que existe a su alrededor les influye: el clima, la comida, las palabras, los gestos, la conversación, las respuestas inconscientes, los otros niños, la sociedad, las escuelas, las iglesias, los libros, las revistas, el cine; todo ejerce una influencia sobre el niño. Ahora bien, ¿puede uno evitar esas influencias? Creo que es imposible, ¿verdad? Puede que no queramos influenciar o condicionar a nuestro hijo, pero inconscientemente lo hacemos, ¿no es cierto? Cada uno tenemos nuestras creencias, dogmas, miedos, éticas, intenciones, ideas de lo que está bien o mal, y de esa manera, consciente o inconsciente, condicionamos al niño. En el caso de que uno no lo haga, entonces lo harán en la escuela con sus libros de historia, que hablan de los gloriosos héroes nacionales mejores que los de cualquier otra nación, y el resto de estas cosas. Todo influye en el niño, de modo que en primer lugar debemos reconocer este hecho tan obvio.

Así pues, la siguiente pregunta es: ¿podemos, a medida que el niño se hace mayor, ayudarle a que cuestione inteligentemente todas esas influencias? ¿Entienden? Sabiendo que todo lo que rodea al niño le condiciona, tanto en la casa como en la escuela, ¿podemos ayudarle a investigar todas estas influencias y a no quedarse atrapado en ninguna de ellas en particular? Si de verdad la intención es ayudarle a investigar todas las influencias, encontrarán que es un trabajo arduo, ¿verdad?, porque significa cuestionar no solo la propia autoridad de uno, sino todo el problema de la autoridad, del nacionalismo, las creencias, la guerra, el ejército, o sea, investigarlo todo, y eso quiere decir desarrollar la inteligencia. Cuando hay esa inteligencia, de manera que la mente no acepta ninguna autoridad ni se adapta por miedo, entonces se examina y se elimina cada influencia; por tanto, esa mente deja de estar condicionada. Sin lugar a dudas, eso puede hacerse, ¿no les parece? Y ¿no es el propósito de la educación desarrollar esa inteligencia capaz de examinar con objetividad cada influencia, de investigar el trasfondo, el más reciente como el más profundo, de tal manera que la mente no quede atrapada en ningún condicionamiento?

Después de todo, estamos condicionados por el pasado, somos ese pasado establecido por la herencia cristiana, por la asombrosa vitalidad, energía y el progreso de Estados Unidos, por las innumerables influencias climáticas, sociales, religiosas, dietéticas, etc.; entonces, ¿es posible observar todo eso con inteligencia, sacarlo a la luz, ponerlo sobre la mesa y examinarlo, sin entrar en el absurdo proceso de aceptar lo que considera bueno y desechar lo que considera malo? Es evidente que tenemos que observar con objetividad todo lo que llamamos cultura. Las culturas crean las religiones, pero no al hombre religioso; el hombre religioso es aquel cuya mente ha rechazado la cultura, es decir, el pasado y, en consecuencia, es libre para descubrir lo que es verdadero. Sin embargo, eso exige que la mente esté sumamente atenta, ¿no es cierto? Esa persona ha dejado de ser americana, inglesa o hindú, es un ser humano que no pertenece a ningún grupo, raza ni cultura particular, por consiguiente, es libre para descubrir lo que es la verdad, lo que es Dios. Ninguna cultura ayudará al individuo a descubrir la verdad; las culturas solo crean organizaciones que atan al individuo. Por eso es tan importante investigar todo esto, no solo el condicionamiento consciente, sino mucho más aún el condicionamiento inconsciente de la mente. De nada sirve que la mente consciente examine de forma superficial el condicionamiento inconsciente, solo cuando la mente consciente está en completo silencio, el condicionamiento inconsciente puede aflorar, no ocasionalmente, sino todo el tiempo: mientras uno pasea, mientras va en el autobús o habla con alguien. Si la intención es investigar, entonces veremos que el condicionamiento inconsciente sale a la luz y se abren las puertas que permiten descubrir.

I: La primera vez que le escuché hablar y luego tuve una entrevista con usted, me sentí profundamente turbado. En aquel momento empecé a observar mis pensamientos sin condenarlos, sin compararlos, etc., y en cierto modo capté el significado del silencio. Varias semanas después volvimos a entrevistarnos y de nuevo sus palabras me conmocionaron, porque me hizo ver con toda claridad que mi mente no estaba realmente atenta y me di cuenta de lo vanidoso que me había vuelto a raíz de mi logro. ¿Por qué la mente se adormece después de cada reto y cómo puede evitarse que eso suceda?

K: Tanto en el aspecto social como en el religioso o en el personal, siempre tratamos de evitar cualquier clase de cambio, ¿no es verdad? Queremos que las cosas sigan como están, porque la mente odia que la molesten. Cuando la mente logra algo, se adormece, pero la vida es un proceso de reto y respuesta, y si la respuesta no es acertada, aparece el conflicto. Para evitar ese conflicto establecemos cómodas rutinas y, de ahí, la decadencia. Este es un hecho psicológico.

Así pues, la vida es un reto, todo en la vida requiere una respuesta, pero debido a nuestras limitaciones, preocupaciones, condicionamientos, creencias, ideales de lo que debemos hacer o no hacer, somos incapaces de dar una respuesta completa, en consecuencia, surge el conflicto. Para evitar o superar ese conflicto, dejamos de investigar y hacemos alguna otra cosa que nos satisfaga. La mente siempre busca un estado que no le perturbe, al cual llama paz, Dios o lo que sea, pero la verdadera intención es que nada la moleste, y ese estado de no perturbación lo llamamos paz, pero en realidad es muerte. Sin embargo, cuando comprendamos que la mente debe estar en un estado de continua respuesta y, por tanto, libre del deseo de satisfacción y de seguridad, libre de ataduras, de amarres, sin refugiarse en creencias, en ideas, en pertenencias y en todas estas cosas, entonces veremos que no es necesario ningún reto, porque deja de existir ese proceso de estar receptivo a base de retos, para luego volver a quedar dormido.

Ahora bien, eso nos lleva a una cuestión muy importante. Pensamos que necesitamos maestros, gurús o líderes, que nos mantengan receptivos. Seguramente esa sea la razón de que la mayoría estén aquí, esperan que otro les ayude a estar atentos, confían en otra persona, y así es como esa persona se convierte en su maestro, en su guía o en su líder. Puede que esa persona en quien confían esté atenta, no lo sé, pero si dependen de ella, los dormidos serán ustedes. [*Risas.*] Por favor, no lo tomen a risa, porque es lo que todos hacemos en nuestra vida; si no es de un líder dependemos de un grupo, de una familia, de un libro o de un disco de música.

De modo que ¿es posible mantenerse receptivo sin depender de nada, ya sea de una droga, de un gurú, de una disciplina, de un cuadro o de cualquier cosa? Si lo experimentan, puede que cometan errores y seguramente dirán: «No importa, voy a estar más atento». Sin embargo, resulta muy difícil hacerlo, por eso dependen tanto de los demás; necesitan el estímulo de un amigo, de un libro, de una música, de un ritual, de cualquier reunión periódica, y puede que ese estímulo les mantenga receptivos durante un momento, al igual que sucedería si se tomaran unas copas. Cuanto más dependemos del estímulo, más se embota la mente, y una mente embotada necesita de un guía, necesita obedecer, necesita una autoridad o se siente perdida.

Al darnos cuenta de este increíble fenómeno psicológico, ¿es posible liberarse de toda dependencia interna o de cualquier clase de estímulo que nos mantenga receptivos? En otras palabras, ¿es la mente capaz de no quedarse atrapada en el hábito? Lo cual significa realmente dejar a un lado todo lo que hemos entendido, todo lo que hemos aprendido, dejar todos los recuerdos acumulados del ayer, de tal manera que la mente sea de nuevo vital, renovada. La mente no se renueva si no se libera de todas las cosas del ayer, de todas las experiencias, envidias, resentimientos, amores y pasiones; solo entonces es una mente vital, apasionada, receptiva y, por tanto, capaz de estar atenta. De hecho, solo cuando la mente se ha liberado de toda dependencia interna, puede encontrar aquello que es inconmensurable.

«Si uno es capaz de estudiarse, de observarse a sí mismo, empieza a descubrir cómo la memoria acumulada interfiere en cada una de las cosas que uno ve. Constantemente estamos valorando, aceptando o rechazando, condenando o justificando, de modo que nuestras experiencias se encuentran siempre dentro del campo de lo conocido, del condicionamiento. No obstante, sin la orientación de esa memoria acumulada la mayoría nos sentimos perdidos, atemorizados, y por eso somos incapaces de observarnos tal como realmente somos. Cuando existe ese proceso de acumulación, que no es otra cosa que el cultivo de la memoria, nuestra forma de observarnos es muy superficial. La memoria nos ayuda a orientarnos, a crecer personalmente, pero el crecimiento personal nunca puede traer una revolución, una transformación radical. Cuando cesa completamente la necesidad de mejora personal, sin que sea por un acto de voluntad, solo entonces existe la posibilidad de que algo trascendental, algo totalmente nuevo, se manifieste».

SEXTA CHARLA EN OAK GROVE

21 de agosto de 1955

Decir: «No sé», la muerte, lo sagrado, Dios

Es un hecho obvio que los seres humanos necesitamos algo que adorar. Nosotros mismos y muchos otros deseamos tener algo sagrado en nuestras vidas, por eso acudimos a los templos, a las mezquitas, a las iglesias, o bien tenemos otros símbolos, otras imágenes, otras ideas que adorar. Parece que sentimos la urgente necesidad de adorar algo, porque queremos evadirnos de nosotros mismos hacia algo más grande, más inmenso, más profundo, más estable, de ahí que inventemos maestros, profesores, guías, seres divinos en el cielo o en la tierra, establezcamos diferentes símbolos como la cruz, la media luna y tantos otros. O bien, si ninguna de estas cosas nos satisface, especulamos sobre lo que yace más allá de la mente, afirmando que es algo sagrado y que debemos adorar. Esto es lo que sucede en nuestra existencia cotidiana, como creo que la mayoría sabemos muy bien. Siempre está ese constante esfuerzo en el campo de lo conocido, en el campo de la mente, de la memoria, y parece que nunca somos capaces de liberarnos y encontrar algo sagrado que no sea un producto de la mente.

Así que esta mañana, si me lo permiten, quisiera investigar la cuestión de si existe algo realmente sagrado, algo inconmensurable que la mente no puede alcanzar. Para investigarlo, es obvio que debe haber una revolución en nuestra forma de pensar, en nuestros valores. No me refiero a una revolución económica o social, que es un acto muy inmaduro, que tiene un efecto pasajero en nuestras vidas y que, de hecho, no es una revolución en absoluto. Hablo de la revolución que es fruto del conocimiento propio, no del conocimiento superficial de uno mismo que se consigue examinando el pensamiento en la periferia de la mente, sino del conocimiento propio que llega a las auténticas profundidades del ser.

No cabe duda de que una de nuestras mayores dificultades es el hecho de que todos nuestros esfuerzos se sitúan en el terreno de lo identificable; al parecer, solo sabemos actuar dentro de los límites de lo que somos capaces de reconocer, es decir, dentro del campo de la memoria. Por tanto, la pregunta es, ¿puede la mente ir más allá de ese campo? La memoria, por supuesto, es necesaria en ciertas áreas: debo conocer el camino de regreso a casa, si me preguntan sobre algo que conozco bien, mi respuesta es inmediata.

Si me permiten sugerirlo, por favor, observen su propia mente a medida que lo expongo, porque quiero profundizar en esta cuestión, y si se limitan a escuchar la explicación verbal sin ponerla en práctica en ese mismo momento, esa explicación no tendrá ningún valor. Si cuando escuchan dicen: «Ya lo pensaré mañana o después de la reunión», entonces lo perderán, no servirá de nada. Sin embargo, si prestan atención total a lo que se dice y son capaces de ponerlo en práctica, lo cual significa darse cuenta de sus propios procesos intelectuales y emocionales, entonces de inmediato verán que tiene sentido lo que estoy diciendo.

Como señalaba, la respuesta es instantánea cuando se trata de algo que conocemos muy bien. Cuando nos hacen una pregunta sobre un tema que conocemos, la respuesta es fácil, de inmediato respondemos. No obstante, si la pregunta es acerca de algo con lo que no estamos muy familiarizados, ¿qué sucede? Empezamos a buscar en los archivos de la memoria, intentamos recordar lo que hemos leído, pensamos en ello, o en las experiencias que hemos tenido. Es decir, buscamos en el pasado ciertos recuerdos que hemos acumulado, y a esa acumulación la llamamos conocimiento, que en esencia es memoria. Pero si la pregunta es sobre un tema que desconocemos, del que no tenemos ninguna referencia en la memoria, y si somos honestos al decir que no sabemos, entonces ese estado de no saber es el primer paso para investigar realmente lo desconocido.

En el aspecto tecnológico hemos alcanzado un desarrollo extraordinario, somos unos verdaderos expertos en cuestiones mecánicas, vamos a la escuela y aprendemos diferentes técnicas, se nos enseña cómo acoplar las piezas de una máquina, cómo reparar las carreteras, cómo construir aviones, etc., que no es otra cosa que cultivar la memoria. A partir de ahí, y con esa misma mentalidad, esperamos encontrar algo que esté más allá de la mente, de modo que practicamos una disciplina, seguimos un sistema, o pertenecemos a alguna ridícula organización religiosa; todas esas organizaciones son esencialmente ridículas, por más satisfactorias y gratificantes que resulten durante cierto tiempo.

Ahora bien, si juntos podemos profundizar en esta cuestión, y creo que podremos hacerlo si estamos atentos, me gustaría investigar si la mente es capaz de dejar a un lado toda la memoria técnica, toda búsqueda en el terreno de lo conocido para sacar a la luz lo que está oculto, porque cuando buscamos, eso es precisamente lo que hacemos, ¿verdad?, buscar en el campo de lo conocido aquello que desconocemos. Cuando buscamos la felicidad, la paz, el amor a Dios o lo que sea, siempre lo hacemos desde el campo de lo conocido, porque la memoria nos facilita referencias, indicios de algo, y nosotros confiamos en esa información, de modo que nuestra búsqueda siempre depende de lo conocido. Incluso en el campo de la ciencia, solo cuando la mente deja de buscar en lo conocido surge algo nuevo. No obstante, dejar de buscar en el terreno de lo conocido no depende de una decisión ni de ningún acto de voluntad. Decir «Dejaré de buscar en lo conocido y me abriré a lo desconocido» es demasiado infantil, no tiene ningún sentido, porque entonces la mente inventa, especula, y termina experimentando algo que es una pura tontería. Solo es posible liberar la mente de lo conocido cuando uno se comprende a sí mismo, esa revolución que viene cuando diariamente comprendemos la actividad del "yo", y es imposible comprender esa actividad del "yo" si interviene la memoria acumulada que pretende ayudar a comprender al "yo"; ¿lo entienden?

Como saben, pensamos que acumulando conocimientos, comparando, comprenderemos las cosas, pero el hecho es que por ese camino nunca las comprendemos. Si comparamos una cosa con otra, lo único que conseguimos es enredarnos en la comparación. Para comprender algo tenemos que prestarle toda nuestra atención, y tanto la comparación como la valoración son formas de distracción.

El conocimiento propio no es un proceso acumulativo y creo que es muy importante entender esto. Cuando el conocimiento propio se basa en la acumulación, es un proceso meramente mecánico, es como el conocimiento de un médico que después de aprender una técnica se especializa en cierta parte del cuerpo. Puede que un cirujano tenga una excelente capacidad para operar porque ha aprendido cierta técnica, porque tiene los conocimientos y el talento necesarios, y esa experiencia acumulada le ayuda enormemente. Pero nosotros no hablamos de esa clase de experiencias acumuladas, todo lo contrario, cualesquiera que sean los conocimientos que acumulamos, nos impiden seguir descubriendo; sin embargo, cuando descubrimos algo, entonces, quizá, podemos hacer uso de la técnica acumulativa.

Lo que estoy diciendo es muy sencillo. Si uno es capaz de estudiarse, de observarse a sí mismo, en ese momento empieza a descubrir cómo la memoria acumulada interviene en cada una de las cosas que uno ve. Estamos siempre valorando, aceptando o rechazando, condenando o justificando, de modo que nuestras experiencias se quedan siempre en el campo de lo conocido, del condicionamiento. No obstante, sin la intervención de esa memoria acumulada la mayoría nos sentimos perdidos, atemorizados, y eso hace que seamos incapaces de observarnos tal como realmente somos. Cuando el proceso acumulativo interviene, que no es otra cosa que el cultivo de la memoria, la forma en que observamos es muy superficial. La memoria nos ayuda a orientarnos, a crecer personalmente, pero el crecimiento personal nunca puede traer una revolución, una transformación radical. Solo cuando la necesidad de mejora personal termina por completo, y no por un acto de la voluntad, existe la posibilidad de que algo trascendental, algo totalmente nuevo se manifieste.

Así pues, me parece que mientras no comprendamos el proceso del pensar, el simple intelecto o cualquier acción mental tendrán muy poco valor. Y bien, ¿qué es pensar? Les ruego que a medida que hablo se observen a sí mismos. ¿Qué es pensar? Pensar es la respuesta de la memoria, ¿no es cierto? Si les pregunto dónde viven, su respuesta será inmediata porque le he preguntado algo que conocen a la perfección. De inmediato reconocen su casa, el nombre de la calle, etc.; esta es una forma de pensar. Pero si les hago una pregunta un poco más complicada, la mente empieza a dudar y, mientras duda, busca en la inmensa colección de recuerdos, en los archivos del pasado, para poder encontrar la respuesta correcta; esta es otra forma de pensar, ¿verdad? Sin embargo, cuando la pregunta que formulo es mucho más compleja, su mente se queda desconcertada, aturdida, y como no le gusta sentirse perturbada, intenta encontrar una respuesta a toda costa; esa es otra de las variedades del pensar. Espero que estén siguiendo todo esto. Y cuando la pregunta que formulo trata de algo inmenso y profundo, como, por ejemplo, si saben lo que es la verdad, lo que es Dios o lo que es amor, entonces sus mentes buscan evidencias de otras personas que creen que han experimentado estas cosas, y empiezan a citar o a repetir sus palabras. Pero si finalmente alguien les señala la inutilidad de repetir lo que otros han dicho, de depender de las evidencias de otros, que pueden ser falsas, entonces no tendrán más remedio que decir: «No sé».

En cualquier caso, si de verdad se puede llegar a ese estado en el que se dice «no lo sé», eso indica una tremenda humildad, no interviene la arrogancia del conocimiento ni una respuesta dogmática para impresionar. Cuando uno realmente puede decir «no sé» (muy pocas personas son capaces de decirlo), es que estamos en un estado en que el miedo desaparece, porque todo ese reconocer, esa búsqueda en la memoria termina, no hay ninguna necesidad de investigar en el mundo de lo conocido; entonces es cuando sucede algo realmente extraordinario. Si han seguido paso a paso lo que he explicado, no solo verbalmente, sino que de verdad lo han experimentando, descubrirán que, cuando son capaces de decir «no sé», cesa todo condicionamiento. Y entonces, ¿cuál es ahora el estado de la mente? ¿Entienden lo qué estoy diciendo? ¿Lo estoy expresando con claridad? Creo que es importante que presten un poco de atención a esto, si es que les interesa.

Como saben, buscamos algo permanente, permanente en el sentido de tiempo, algo duradero, eterno. Vemos que todo cuanto nos rodea es pasajero, constantemente cambia, nace, se marchita, y muere, por eso nuestra búsqueda siempre espera encontrar algo que perdure en el campo de lo conocido, pero aquello que de verdad es sagrado está más allá de la medida del tiempo, no es posible encontrarlo dentro de los límites de lo conocido, porque lo conocido solo funciona a través del pensamiento, que es la respuesta de la memoria a un reto. Si me doy cuenta de eso y quiero averiguar cómo poner fin al pensamiento, ¿qué he de hacer? Es indudable que a través del conocimiento propio uno debe darse cuenta de toda la actividad del pensar, debe estar atento a cada pensamiento, porque por más sutil, más elevado, más innoble, y ridículo que sea, tiene sus raíces en lo conocido, en la memoria. Si uno ve esto con claridad, entonces cuando la mente afronta un problema de grandes proporciones es capaz de decir «no sé», porque de hecho no tiene la respuesta. De modo que todas las respuestas del Buda, de Cristo, de los grandes maestros, de los guías y gurús no significan nada, porque, si significan algo, su significado viene de los recuerdos acumulados, lo cual es mi condicionamiento.

Si veo la verdad de esto y realmente dejo de lado todas las respuestas, lo cual solo se puede hacer cuando existe esa inmensa humildad de no saber, ¿cuál es, entonces, el estado de la mente? ¿Cuál es el estado de la mente que dice «No sé si Dios existe, no sé si existe el amor», es decir, cuando no interviene la respuesta de la memoria? Por favor, no respondan inmediatamente a esta pregunta, porque si lo hacen, su respuesta será un simple reconocer lo que piensan que debería o no debería ser. Si dicen: «Es un estado de negación», lo estarán comparando con algo que ya conocen, por tanto, ese estado en el que dicen «no sé» será un simple engaño.

Estoy intentado investigar esta cuestión en voz alta para que puedan seguirla mientras observan su propia mente. Ese estado en el que la mente dice «no sé» no consiste en negar nada, sino que la mente ha interrumpido por completo su búsqueda, ha dejado de hacer cualquier movimiento porque se ha dado cuenta de que cualquier movimiento que salga de lo conocido hacia esa cosa que llama desconocido no es más que una proyección de lo conocido. Sin embargo, la mente que es capaz de decir «no sé» se encuentra en el único estado en el cual es posible descubrir cualquier cosa; mientras que el hombre que dice «yo sé», el hombre que sin cesar ha estudiado la infinidad de experiencias humanas y su mente está atestada de información, de conocimiento enciclopédico, ¿puede ese hombre experimentar algo que no se puede acumular? Seguramente le resultará muy difícil. No obstante, cuando la mente deja a un lado todo el conocimiento que ha acumulado, cuando para ella no existen los Budas, los Cristos, los maestros, los guías, las religiones, las citas; cuando la mente está completamente sola, limpia, lo cual significa que no existe ninguna actividad de lo conocido, solo en ese momento existe la posibilidad de una tremenda revolución, de un cambio fundamental.

Es evidente que ese cambio es necesario y solo unos pocos, usted, yo o X, que hemos generado esa revolución en nuestras propias vidas, somos capaces de crear un mundo nuevo. No lo harán los idealistas o los intelectuales, ni aquellos que hayan acumulado gran cantidad de conocimientos o que se dediquen a hacer obras de caridad, porque ellos no lo harán, no son más que unos reformadores. La persona religiosa es aquella que no pertenece a ninguna religión, a ninguna nación, a ninguna raza, que internamente está completamente sola en un estado de no saber; para esa persona la bendición de lo sagrado es una realidad.

INTERLOCUTOR: La función de la mente es pensar. He dedicado muchos años a pensar en estas cosas que todos conocemos: los negocios, la ciencia, la filosofía, la psicología, las artes, etc., mientras que ahora pienso mucho en Dios. Después de estudiar los testimonios de muchos místicos y demás escritores religiosos, estoy convencido de que Dios existe, e incluso podría aportar mis propios pensamientos sobre el tema. Entonces, ¿qué hay de malo en eso? ¿No es el pensar en Dios una ayuda para encontrar realmente a Dios?

KRISHNAMURTI: ¿Tiene algún sentido pensar en Dios? Puede que esté convencido de la existencia de Dios simplemente porque ha leído toda clase de información. El ateo también tiene sus evidencias, posiblemente ha estudiado tanto como usted, pero él dice que Dios no existe. Usted cree que Dios existe y otro cree que no, ambos tienen sus creencias y ambos dedican su tiempo a pensar en Dios. Sin embargo, antes de pensar en algo que no conocen, deben descubrir qué es pensar, ¿no le parece? ¿Cómo puede pensar en algo que no conoce? Tal vez haya leído la Biblia, la Bhagavad-gita, u otros libros en donde varios eruditos describen con habilidad qué es Dios, asegurando ciertas cosas o negando otras, pero mientras no comprenda el proceso de su propio pensar, lo que piense sobre Dios posiblemente sea estúpido y mezquino, generalmente es así. Puede recopilar innumerables evidencias de la existencia de Dios y escribir interesantes artículos al respecto, pero es evidente que la primera pregunta debe ser: ¿cómo sabe que eso que piensa es verdad? Y: ¿puede el pensamiento experimentar aquello que es incognoscible? Eso no significa que deba caer en la emotividad, en el sentimentalismo y aceptar una serie de sandeces acerca de Dios.

Así pues, ¿no cree que es importante descubrir si su mente está condicionada, en vez de buscar algo que no lo está? Es obvio que, si su mente está condicionada, y lo está, por mucho que investigue si existe una realidad llamada Dios, solo podrá acumular conocimientos o información de acuerdo con su condicionamiento. De manera que pensar en Dios es una pérdida de tiempo absurda, es una especulación sin valor alguno, viene a ser lo mismo que si me siento en esta arboleda y deseo estar en lo alto de aquella montaña. Si de verdad quiero saber lo que hay en la cima de aquella montaña y más allá, debo subir hasta arriba, de nada me sirve estar sentado aquí especulando, construyendo templos, iglesias, y entusiasmarme con todo eso. Lo que debo hacer es levantarme, caminar, esforzarme, avanzar, llegar hasta arriba y descubrir; pero como la mayoría de nosotros no estamos dispuestos a hacer eso, nos conformamos con quedarnos aquí sentados y con especular acerca de algo que no conocemos. A mi entender, esa especulación es un impedimento que deteriora la mente, no tiene ningún valor, solo trae confusión y sufrimiento al ser humano.

Por tanto, de nada sirve hablar sobre Dios, es algo que no se puede describir, no se puede expresar con palabras porque siempre será algo desconocido. En el momento en que interviene el proceso de reconocimiento, regresa al campo de la memoria, ¿entiende? Supongamos, por ejemplo, que en cierto momento tiene una experiencia extraordinaria, en ese preciso instante no hay un pensador que diga: «Debo recordarla», tan solo existe ese estado de experimentar, pero una vez que ha transcurrido este momento se inicia el proceso del reconocimiento. Por favor, sigan esto. La mente dice: «He tenido una experiencia maravillosa y deseo repetirla», y así empieza la lucha por el "más". Por varias razones surge el instinto de la codicia, el deseo posesivo de conseguir "más", porque nos da placer, prestigio, conocimientos, nos confiere cierta autoridad, y todas estas tonterías.

La mente persigue eso que ha experimentado, pero esa experiencia ya ha terminado, ha muerto, no existe, y para descubrir “lo que es” la mente debe liberarse de todo lo que ha experimentado. Sin embargo, esto no es algo que pueda cultivar día tras día, que pueda guardar, acumular, retener, y luego hablar de ello o escribir sobre ello. Lo único que podemos hacer es ver que la mente está condicionada y a través del conocimiento propio comprender el proceso de nuestro pensar. Debo conocerme a mí mismo, no como ideológicamente me gustaría ser, sino como realmente soy, no importa si soy feo o hermoso, celoso, envidioso o codicioso. No obstante, resulta muy difícil ver solo lo que uno es sin querer cambiarlo, y ese deseo mismo de cambiar es otra forma de condicionamiento, por eso vamos de un condicionamiento a otro sin nunca experimentar algo que esté más allá de lo limitado.

I: Después de escucharle durante muchos años me resulta bastante fácil prestar atención a mis pensamientos y a todo lo que hago; sin embargo, nunca he llegado a profundizar demasiado ni he experimentado esa trasformación de la que usted habla, ¿por qué?

K: Creo que está bastante claro por qué ninguno llegamos a experimentar algo que esté más allá de la mera observación. Puede que en ciertos momentos tengamos un estado emocional en el cual veamos, por ejemplo, la luminosidad del cielo entre las nubes, pero no me refiero a esa clase de cosas; todas estas experiencias son pasajeras y significan muy poco. El interlocutor quiere saber por qué después de todos los años que ha dedicado a la observación no ha encontrado la esencia más profunda. Ahora bien, ¿por qué razón debería encontrarla? ¿Entienden? Uno cree que por observar los propios pensamientos obtendrá una recompensa, si hace esto conseguirá aquello, pero en realidad lo que sucede es que no está observando porque su mente solo se interesa en conseguir una recompensa, cree que observando, estando atento, será más afectuoso, sufrirá menos, no se enojará, conseguirá algo trascendente. Por tanto, su interés en observar es una forma de comprar, con esta moneda intenta comprar aquello, lo cual significa que su observar es un proceso de elección, por consiguiente, no observa, no está atento. Prestar atención es observar sin elección, verse realmente uno mismo tal como es sin ningún movimiento del deseo para cambiarlo, lo cual es una cosa muy ardua de hacer; eso no significa que uno deba seguir en la situación actual. No sabe lo qué sucederá si se ve a sí mismo tal como es sin intentar generar un cambio, ¿entiende?

Si pongo un ejemplo y lo desarrollo, lo verá. Digamos que soy violento, la mayoría de la gente lo es. Toda nuestra cultura es violenta, no voy ahora a entrar en la anatomía de la violencia porque ese no es el problema que estamos investigando. Decía que soy violento y me doy cuenta de ello, ¿qué sucede entonces? Mi respuesta inmediata es que debo hacer algo al respecto, ¿no es cierto? Debo dejar de ser violento. Es lo que todos los maestros religiosos nos han dicho durante siglos: si eres violento, debes dejar de serlo. De modo que empiezo a practicar la no violencia, a seguir todas las doctrinas establecidas. Sin embargo, ahora veo lo absurdo de todo eso, porque la entidad que observa la violencia e intenta convertirla en no violencia en sí misma es violenta. En consecuencia, no estoy interesado en los aspectos externos de esa entidad, sino en la entidad misma. Espero que sigan todo esto.

Ahora bien, ¿qué es esa entidad que dice que no debe ser violenta? ¿Es esa entidad diferente de la violencia que observa? ¿Se trata de dos estados distintos? ¿Entienden, señores, o les parece demasiado abstracto? Nos acercamos al final de la charla y probablemente estén un poco cansados. Pero es obvio que la violencia y la entidad que dice «Debo cambiar la violencia en no violencia» son la misma cosa. Darse cuenta de este hecho es terminar con el conflicto, ¿no es cierto? Cesa el conflicto de intentar cambiar, porque uno se da cuenta de que el mismo movimiento de la mente para dejar de ser violenta es el resultado de la violencia.

El interlocutor quiere saber por qué no puede ir más allá de estas disputas superficiales de la mente. No puede hacerlo por la sencilla razón de que, consciente o inconsciente, la mente siempre busca algo, y esa misma búsqueda genera violencia, competitividad y un sentimiento de absoluta frustración. Solo cuando la mente está en completo silencio, existe la posibilidad de entrar en contacto con las profundidades.

I: Cuando morimos, ¿renacemos en esta Tierra o pasamos a algún otro mundo?

K: Esa es una pregunta que nos interesa a todos nosotros, jóvenes y mayores, ¿no es verdad? Por tanto, voy a investigarlo con toda seriedad y espero que tengan la amabilidad de seguirlo, pero no solo las palabras, les pido que experimenten realmente lo que vamos a considerar.

Todos sabemos que la muerte existe, sobre todo aquellos de más edad, aunque también los jóvenes que han tenido ocasión de verla. Los jóvenes suelen pensar que aún les queda tiempo y que ya reflexionarán sobre ella cuando les llegue la hora; mientras que los mayores, al estar cerca del final, recurren a diversas formas de consuelo.

Por favor, sigan y aplíquenselo a sí mismos, no lo desvíen hacia alguna otra persona. Como todos saben que se van a morir, tienen teorías acerca de la muerte, ¿no es cierto? Creen en Dios, en la resurrección, en el karma o la reencarnación, y están convencidos de que renacerán aquí o en otro mundo. O si no, racionalizan la muerte y dicen que es inevitable, que a todos nos llegará, al igual que el árbol se seca, sirve de abono a la tierra y nace un nuevo árbol. O de lo contrario, están tan ocupados con sus preocupaciones, ansiedades, celos y envidias cotidianas, con su competitividad y sus posesiones, que no tienen tiempo para pensar en la muerte, pero en sus mentes, consciente o inconscientemente, la muerte está presente.

En primer lugar, ¿pueden deshacerse de las creencias, de los razonamientos o de la indiferencia que han desarrollado en torno a la muerte? ¿Pueden liberarse de eso ahora? Porque lo importante es entrar en la casa de la muerte mientras uno está vivo, mientras están plenamente conscientes, activos, mientras se tiene salud, y no esperar a que llegue la muerte de forma rápida en un accidente o en una enfermedad que lentamente les deje inconscientes. La llegada de la muerte debe de ser un momento extraordinario, tan vital como la vida misma.

Ahora bien, ¿podemos entrar en la casa de la muerte mientras estamos vivos? Esa es la cuestión. No podemos hacerlo si existe la reencarnación u otro mundo en el que uno renazca, lo cual es tan inmaduro e infantil. Un hombre que realmente vive nunca pregunta «¿Qué es el vivir?», ni tiene teorías sobre el vivir. Solo los que viven a medias hablan del propósito de la vida.

Por consiguiente, ¿es posible, mientras estamos vivos, conscientes, activos, con todas nuestras facultades, sean las que sean, saber lo que es la muerte? Y ¿es la muerte diferente de la vida? Para la mayoría de nosotros vivir es una continuación de aquello que consideramos permanente: nuestro nombre, nuestra familia, nuestras propiedades, las cosas económicas o espirituales que nos han interesado, las virtudes que hemos cultivado, las sensaciones emocionales que hemos acumulado, queremos que todo eso continúe. Aun así, ese momento que llamamos muerte es un momento desconocido, por eso le tenemos miedo e intentamos encontrarle alguna explicación, algún consuelo, queremos saber si la vida existe después de la muerte, y un sinfín de cosas más. Pero todas ellas son cuestiones irrelevantes, solo son un problema para los perezosos, para aquellos que mientras viven no quieren averiguar lo que es la muerte. Y bien, ¿estamos nosotros dispuestos a averiguarlo?

¿Qué es la muerte? Sin duda, es el fin de todo cuanto hemos conocido; si no es el fin de todo lo que hemos conocido, no es la muerte. Si saben lo que es la muerte, entonces no hay nada que temer, pero ¿saben lo que es la muerte? Es decir, mientras viven, ¿pueden poner fin a la incesante lucha por encontrar en lo efímero algo que tenga continuidad? ¿Pueden conocer lo incognoscible, ese estado al que llamamos muerte mientras viven? ¿Pueden desechar todas las descripciones de lo que sucede después de la muerte, tanto las que han leído en los libros como las que su deseo inconsciente de seguridad y consuelo les dicta, y experimentar o percibir ahora ese estado que debe de ser algo extraordinario? Si pueden experimentar ese estado ahora, entonces la vida y la muerte son lo mismo.

De manera que puede tener una gran cultura, conocimientos, innumerables experiencias, luchas, amores y odios, y ¿puede ese "yo" terminar definitivamente? El "yo" es la memoria acumulada de todo eso, y ¿puede ese "yo" terminar sin que ese final sea por medio de un accidente o de una enfermedad?, ¿podemos, usted y yo, mientras estamos sentados aquí conocer ese final? De ser así, verán que no necesitan hacer preguntas absurdas sobre la muerte, la continuidad o si existe un mundo futuro. Entonces sabrán por sí mismos la respuesta, porque aquello que es incognoscible se manifestará. Habrán dejado atrás toda la historia sin sentido de la reencarnación, así como los innumerables miedos: el miedo a vivir y a morir, el miedo a envejecer y a imponer a otros el trabajo de cuidar de uno, el miedo a la soledad y a la dependencia, todo eso habrá terminado. No son palabras vanas. Solo cuando la mente deja de pensar en términos de su propia continuidad, lo incognoscible se manifiesta.

«Si somos capaces de descubrir de dónde sale nuestra necesidad de dominar, entonces puede que ese descubrimiento sea la respuesta a por qué somos violentos».

SÉPTIMA CHARLA EN OAK GROVE

27 de agosto de 1955

La violencia, la soledad, los sueños

Uno de nuestros mayores problemas, según creo, es la cuestión de la violencia y el deseo que tenemos de encontrar paz. No creo que podamos encontrar paz sin antes haber comprendido en su totalidad la estructura de la violencia. La paz no es el opuesto de la violencia, es un estado completamente diferente, en consecuencia, no es algo que una mente atrapada en la violencia pueda concebir. Debido a que gran parte de nuestra vida se basa en la violencia y que la mayoría de nuestros pensamientos están plagados de violencia, me parece muy importante comprender este problema tan complejo, que requiere tanta investigación y percepción interna. Si es posible, esta tarde me gustaría investigarlo.

Curiosamente, las religiones organizadas, excepto quizá la budista y la hindú, nunca han puesto fin a las guerras ni al disparatado antagonismo entre los seres humanos. Todo lo contrario, algunas de las llamadas religiones han promovido dichas guerras y han sido las responsables de enormes masacres de seres humanos. Si examinamos lo que son día a día nuestras vidas, veremos que están llenas de violencia, pero ¿qué hace que seamos violentos? ¿De dónde nace esa violencia y es posible que termine realmente? Creo que solo es posible poner fin a la violencia de forma drástica y radical cuando comprendemos cuál es su origen. Por eso quiero pedirles que no se limiten a escuchar mi descripción de la violencia, sino más bien que observen el funcionamiento de su propio pensar a medida que voy avanzando, y a través de la descripción, tal vez, puedan experimentar directamente lo que esconde la palabra "violencia".

¿Por qué somos violentos, no solo como raza, sino también como individuos? No sé si alguna vez se han hecho esta pregunta a sí mismos. Y ¿cuál es nuestra actitud cuando observamos la violencia, cuando nos damos cuenta o pensamos en ella? Es evidente que la mayoría consideramos que la violencia es inevitable. Al crecer en esta sociedad actual que nos condiciona y nos estimula a ser violentos, hacemos breves y ligeros comentarios sobre esta cuestión. Sin embargo, vamos a ver si es imposible profundizar e investigar este problema, para que cada uno de nosotros pueda descubrir por qué tenemos esta extraña inclinación a la violencia y si es posible ponerle fin, no superficialmente, sino de raíz.

Como es obvio, nuestra cultura, nuestra civilización, no solo en el mundo Occidental sino también en Oriente, se basa en la violencia. La sociedad estimula la violencia, toda nuestra estructura económica, social y religiosa se fundamenta en la violencia. Estoy empleando la palabra "violencia" no en su sentido superficial de enojo o ira, sino incluyendo todo el problema de la codicia, la competitividad, el ansia de poder, tanto por parte del individuo como de la colectividad, porque es indudable que esa ansia genera violencia, ¿no es cierto? La violencia será inevitable mientras un individuo compita con otro, mientras sea ambicioso y codicioso, no solo codicioso en el sentido mundano de querer acaparar bienes materiales, sino codicioso en el sentido más profundo de este término, que es el del deseo vehemente de llegar a ser alguien, de dominar, de tener seguridad, de alcanzar una posición invulnerable.

Así pues, mientras uno busque cualquier forma de poder, habrá violencia. Por favor, no pregunten: «¿Qué puede hacer un individuo como yo en una cultura basada en la violencia?». Creo que esa pregunta encontrará respuesta si son capaces de escuchar lo que se está diciendo, y no por el simple hecho de preguntar qué puede hacer uno; el hacer no es lo importante. Creo que esa acción llega una vez que comprendemos todo el complejo problema de la violencia. El ansia por actuar en relación con la violencia sin antes comprender el deseo de ser alguien, el deseo de reafirmación personal, de dominación, de llegar a ser, en realidad es algo muy inmaduro. Mientras que si podemos comprender el proceso de la violencia en su totalidad y percibir la verdad acerca de ella, creo que, entonces, esa misma percepción generará una acción no premeditada y, por consiguiente, verdadera. No sé si entienden todo esto.

Vemos lo que está sucediendo en el mundo, todos los políticos hablan de paz, pero las cosas que hacen crean división, antagonismo y guerra. Por eso me parece tan importante que aquellos de nosotros que seamos realmente serios al tratar estas cuestiones comprendamos la verdad del problema en vez de preguntar qué podemos hacer, porque si comprendemos la verdad del problema, esa misma percepción de lo que es verdadero generará una acción que no será mía ni suya, y cuyas consecuencias son totalmente imposibles de prever o imaginar.

Es un hecho obvio que todo lo que hacemos en este mundo, sea en lo social, económico o religioso, se basa en la violencia, es decir, en el deseo de poder, de posición, de prestigio, en lo cual están implicados la ambición, el logro personal y el éxito. Los gigantescos edificios que construimos, las grandiosas catedrales, todo son indicios de esa sensación de poderío. Me pregunto si han visto esas inmensas construcciones y si han observado cuál es su reacción al verlas. Puede que tengan cierta belleza, pero para mí la belleza es algo enteramente distinto, para que haya belleza debe haber austeridad, soltarlo todo, y no es posible soltar si existe la menor ambición, que se expresa a sí misma como un logro personal. Cuando hay austeridad, también hay sencillez, y solo la mente que es sencilla puede soltar lo que ella es; de este soltar nace el amor, ese estado que es belleza, pero somos totalmente inconscientes de esto. Nuestra civilización, nuestra cultura, se basa en la arrogancia, en la sensación de logro, una sociedad que nos enfrenta unos a otros, compitiendo violentamente para alcanzar una meta, para acaparar, para dominar, para llegar a ser alguien. Todos estos son hechos psicológicos evidentes.

Ahora bien, ¿por qué existe esta actitud de violencia? Y si somos capaces de reconocer esa actitud, ¿podemos trascender la violencia? Si podemos, creo que entonces tendremos la posibilidad de profundizar en algo totalmente diferente. Tomemos como ejemplo el deseo de dominación, ¿por qué queremos dominar? En primer lugar, ¿somos realmente conscientes, en nuestras relaciones y en nuestra actitud hacia la vida, de esa ansia por dominar, por querer poseer, esa ansia de poder? Y si somos conscientes, ¿de dónde surge esta necesidad? ¿Entienden mi pregunta? Si somos capaces de descubrir de dónde surge la necesidad de dominar, puede que ese descubrimiento sea la respuesta a la pregunta de por qué somos violentos. De hecho, todos somos violentos en el sentido de que cada uno a su manera queremos ser alguien, lo cual nos hace competitivos, ambiciosos, codiciosos, queremos dominar. Estos son los síntomas externos de un estado interno y ahora estamos intentando averiguar cuál es ese estado interno que nos hace actuar de esa manera. Así pues, ¿nos damos plena cuenta de ese estado o simplemente nos ajustamos a un determinado patrón de moralidad para dejar de ser violentos, ambiciosos ideológicamente, pero sin nunca afrontar el origen, la raíz que nos impulsa a hacer todas estas cosas? Si somos capaces de investigar esto, entonces, tal vez, la manera de afrontar el problema de la violencia sea del todo diferente. Les ruego que escuchen lo que se está diciendo, no con una actitud de «¡Eso es todo!», sino más bien que sea un descubrimiento de cada uno. O sea, si a través de mis palabras pueden descubrir y experimentar realmente el hecho por sí mismos, lo que descubran tendrá un efecto extraordinario.

Y bien, ¿por qué soy violento? Quiero descubrirlo. Veo que soy violento porque en lo social y en lo religioso existe esa extraordinaria necesidad de ser alguien, lo cual es un hecho. En el mundo de los negocios quiero ser millonario, ser más eficiente, llegar a la cima, y en el llamado mundo espiritual sigo a una autoridad para que me ayude a ser algo en el otro mundo. A medida que observo, veo que mis acciones, mis pensamientos y mis relaciones se basan en sobresalir, en la dependencia; y si soy una persona dependiente, debo seguir cierta autoridad, lo cual genera violencia.

Por consiguiente, quiero comprender el proceso completo de la violencia, en lugar de seguir simplemente ciertas pautas sociales, porque eso es muy superficial y no conduce a ningún lugar. Quiero averiguar si la mente puede liberarse por completo de la violencia, si es posible erradicar de la mente todo ese proceso; realmente estoy interesado, quiero averiguarlo. Me doy cuenta de que limitarme a adaptarme a las exigencias y a las demandas e influencias superficiales con un modelo diferente no resuelve el problema; que sustituir una estructura social por otra, o establecer una sociedad comunista en vez de una capitalista no me liberará del deseo de dominar, de la violencia. Como me doy cuenta de esto, empiezo a investigar en mi interior para descubrir cuál es el origen de todas estas tremendas necesidades, exigencias y afanes, que generan enemistad y violencia.

Así pues, ¿por qué soy violento, competitivo, ambicioso o codicioso? ¿Por qué vivo en esta lucha constante por ser, por llegar a ser? Es obvio que estoy huyendo, escapando de algo a través de la codicia, de la ambición, del deseo de triunfar; algo me da miedo y me obliga a hacer todas estas cosas. El miedo es una actitud para evadirnos de las cosas, por eso ahora estoy investigando qué es lo que me atemoriza. De momento no me interesa el miedo a la oscuridad, a la opinión pública, a lo que otros digan o no digan de mí, porque todas son cosas muy superficiales, lo que realmente intento descubrir es lo que causa este miedo, lo que me impulsa a ser ambicioso, competitivo, codicioso, envidioso y, en consecuencia, sembrar enemistad y todo eso.

Por favor, piensen conmigo. En primer lugar, me parece que somos personas muy solitarias. Internamente me siento solo, vacío, y no me gusta sentirme así; es un estado que me asusta, así que trato de evitarlo, huyo de él. Pero el mismo hecho de huir crea temor y para eludir ese temor disfruto haciendo cualquier actividad. Es obvio que ese vacío está en cada uno de nosotros y la mente escapa de ese vacío a través de la actividad, de la ambición, de la necesidad de ser alguien, de adquirir más conocimientos; ya conocen todo el problema de la violencia. Ahora bien, si no nos evadimos, ¿puede la mente observar ese vacío, ese inmenso sentimiento de soledad que es la máxima expresión del "yo", siendo el "yo" la entidad, esa consciencia que se siente vacía cuando no escapa? ¿Entienden lo que estoy exponiendo? Si no está suficientemente claro, lo abordaremos de forma diferente.

En definitiva, el "yo", el ego, se expresa a sí mismo a través de la ambición, de la codicia, de la envidia, del ser violento y de intentar dejar de serlo, etc., todas son expresiones del "yo". Cuando me doy cuenta y profundizo en ello, también me doy cuenta de que la actividad misma del "yo" surge de ese inmenso sentimiento de vacío. No sé si han observado que después de detectar todos los movimientos del "yo" llegan a este punto en el que la mente se da perfecta cuenta del vacío absoluto del "yo"; pero la mente nunca se detiene y observa ese vacío, siempre intenta evitarlo, escapar de él.

Por tanto, si puedo comprender ese vacío, entonces, tal vez sea capaz de resolver el problema de la violencia; sin embargo, para comprender el vacío debo observarlo y no puedo hacerlo si me evado, ese escape es la causa del miedo y, a su vez, genera el movimiento de la envidia, de la competitividad, de la crueldad, de la enemistad y todas estas cosas. Por consiguiente, ¿puede la mente observar aquello de lo que siempre ha escapado a través de las diferentes actividades? Espero que lo esté exponiendo con claridad.

¿No es verdad que se sienten solos, vacíos? No estamos hablando de lo que deberíamos hacer al respecto; "lo que deberíamos hacer" ha creado este mundo absurdo y caótico. Estoy preguntando qué hay detrás del deseo de hacer algo, lo cual es extremadamente difícil de descubrir porque la mente siempre evade esa cuestión básica. No obstante, si la mente puede darse plena cuenta de sí misma, de su vacío, de su soledad, eso significa descubrir las actividades del "yo" que han llevado a la mente a este estado actual, y entonces verán que cualquier acción o movimiento sin esa comprensión trae diferentes formas de violencia. Ser un simple pacifista o idealista, en favor de esto y antiaquello, no resuelve el problema. El hombre que practica la no violencia no resuelve el problema de la violencia en absoluto, lo único que hace es practicar una idea, nunca aborda esta cuestión básica y fundamental del origen de donde surgen todas las acciones.

Por favor, obsérvense a sí mismos, no se limiten a seguir la descripción. Entonces, ¿puede la mente darse cuenta de este vacío sin intentar escapar de él? Como sienten este vacío, esta soledad, buscan pareja, buscan a alguien de quien depender, y esa dependencia engendra cierta autoridad hacia la persona que siguen, por tanto, el mismo hecho de seguir a una autoridad es un indicio de violencia. De manera que ¿puede la mente, al percibir la verdad de todo esto, dejar de escapar y mirar ese vacío? ¿Entienden lo que significa mirar? Es imposible mirar ese vacío si le tienen miedo, si quieren evadirse, solo podrán observarlo totalmente si no lo condenan. Les ruego que sigan esto con mucha atención, voy a investigarlo paso a paso, con cuidado, de forma que juntos podamos comunicarnos y comprenderlo.

Me doy cuenta de que me siento solo, vacío, y me dispongo a observar esa vacuidad; pero si la condeno no puedo hacerlo porque la misma condena desvía la observación. De modo que

¿puedo observar, darme cuenta del vacío sin nombrarlo? ¿Entienden? Si no lo nombro, ¿es el observador que observa diferente de lo observado? Solo cuando el observador lo nombra aparece la división, ¿no es cierto? ¿Están siguiendo? ¡Por Dios! Intentaré exponerlo con más claridad.

Cuando digo: «Estoy enojado», el hecho de nombrar esa sensación, esa reacción, crea una dualidad, ¿verdad? Pero si no la nombro, entonces esa sensación soy yo mismo, ¿comprenden? Es decir, si nombro una sensación es porque la mente está acostumbrada a identificar las cosas, a etiquetarlas, pero si la mente no clasifica, entonces la separación, la división entre el observador y lo observado desaparece. En otras palabras, cuando no nombramos, lo único que existe es una sensación, y en esa sensación no interviene ninguna entidad separada que actúe; la mente ha dejado de intervenir en aquello que quiere comprender, por lo tanto, no interfiere ninguna acción de la mente, que por su misma naturaleza es violenta.

Por favor, esto no es algo intelectual; no digan que es demasiado elevado, abstracto o absurdo, solo estoy investigando, paso a paso, la anatomía de la violencia. Nuestra estructura social se basa en la violencia, no solo en la violencia entre naciones, sino entre nosotros, como individuos. Estamos como el perro y el gato, somos competitivos, despiadados. Por tanto, si quiero comprender todo este problema, debo conocer las actividades de la mente en relación con eso que llamo vacío, porque en el momento en que lo comprenda nunca más desearé ser algo, ¿entienden? El deseo de ser algo es lo que genera enemistad y violencia. El idealista que quiere crear una utopía perfecta es por naturaleza violento; aquel que practica la no-violencia es un ser humano violento, porque no ha comprendido realmente el problema, sino que simplemente lo trata en su aspecto superficial.

Por consiguiente, me doy cuenta de que mientras la mente actúe desde la ambición o la no ambición creará desorden, luchas y desdicha, tanto para sí misma como para los demás. Sin embargo, si la mente profundiza más en el problema y empieza a comprender todo el proceso de esa necesidad de ser algo, sin duda, debe llegar a un punto donde verá que está tratando de escapar del hecho de no ser nada, que es ese estado de vacío. Entonces, ¿es posible comprender ese vacío, puede la mente investigarlo, experimentarlo, considerarlo? Sin duda, la mente no puede experimentar y comprender ese estado tan extraordinario que llamamos vacío, que llamamos soledad, mientras lo condene, mientras quiera evitarlo, controlarlo o superarlo. La mente seguirá intentando evitarlo y controlarlo siempre que lo nombre, porque el reconocer, el nombrar es un proceso de la mente.

Por otro lado, no es posible pensar sin símbolos, sin ideas, sin palabras, pero ¿puede la mente dejar de nombrar? ¿Puede poner fin al proceso de nombrar y observar eso que hasta ahora había llamado vacío, sin nombrarlo ni crear una imagen simbólica? De ser así, ¿existe, entonces, alguna diferencia entre el estado al que había llamado vacío y ella misma? Es obvio que no; lo único que existe es un estado sin palabras ni nombres, por tanto, toda la actividad de la mente que separa, compite y crea antagonismo ha llegado a su fin. En ese estado surge un movimiento completamente diferente que nada tiene que ver con la violencia, sino con esa bondad, aquella que no puede comprender la mente que dice: «Debo ser bondadoso». Todo acto de voluntad ha cesado, porque la voluntad también es un producto de la violencia.

INTERLOCUTOR: Lo que usted dice suena tan extraño y tan oriental. ¿Cree que una enseñanza como la suya puede encajar en la civilización occidental, que se basa en la eficiencia y el progreso, y que tanto contribuye a mejorar el nivel de vida en el mundo entero?

KRISHNAMURTI: ¿Cree que el pensamiento es oriental u occidental? Puede que ciertos hábitos sean diferentes, que en la India uno coma con la mano, que en China lo haga con palillos y que aquí, en este país, la costumbre sea diferente, pero ¿qué le hace suponer que el enfoque oriental es distinto del occidental, existe alguna diferencia entre el uno y el otro? Si yo hubiera nacido en Estados Unidos y dijera lo mismo que digo ahora, ¿diría usted que se trata de algo oriental? Posiblemente, su comentario sería que es muy místico, poco práctico, o excéntrico. Sin embargo, los problemas son los mismos en la India, en Japón o aquí, somos seres humanos, no asiáticos, americanos, rusos o alemanes, comunistas o capitalistas, todos tenemos los mismos problemas humanos.

Ahora bien, no cabe la menor duda que lo que digo es válido tanto en este país como en la India, porque la violencia es un problema tanto para usted como para los demás. El problema de la relación, del amor, de la belleza, de lograr un estado mental de paz, de crear una sociedad que no sea destructiva para sí misma ni para los demás, todas son cuestiones que, obviamente, afectan a cada uno de nosotros, vivamos en Oriente o en Occidente. Aquí tienen el problema de aumentar los efectivos del ejército, lo que implica el deterioro de cualquier sociedad, porque la estructura misma del ejército se basa en la autoridad, el nacionalismo, la seguridad, y en la India, en Japón y en toda Asia tienen exactamente el mismo problema. De modo que esta división arbitraria del pensamiento oriental y occidental no existe para una persona que de verdad quiere investigar. Un hombre condicionado por el enfoque o la filosofía asiática, y que le dice cómo vivir de acuerdo con ese condicionamiento, como es obvio está dividiendo el pensamiento en oriental y occidental. Pero nosotros hablamos de algo muy distinto, hablamos de liberar la mente de todo condicionamiento, y no de cómo amoldarla a la filosofía oriental, lo cual es muy infantil.

Estamos intentando investigar juntos la extraordinaria complejidad de nuestras vidas y descubrir si podemos de verdad afrontar con sencillez todos estos problemas tan complejos; pero no es posible afrontarlos con sencillez a menos que uno se comprenda a sí mismo. El "yo" es una entidad enormemente compleja con innumerables deseos contradictorios. Internamente, vivimos en constante guerra y ese conflicto interno se manifiesta en nuestras actividades externas. Comprender el "yo", tanto el consciente como el inconsciente, es una tarea enorme, y solo es posible comprenderlo en el día a día, de momento a momento; es como un libro sin fin, por tanto, no es ningún logro.

Así, si uno puede escuchar lo que se está diciendo, no como americano, europeo u oriental, sino como un ser humano directamente afectado por todos estos problemas, entonces crearemos juntos un mundo diferente, seremos personas verdaderamente religiosas. La religión es la búsqueda de la verdad, y para la persona religiosa no existen nacionalidades, ni países, ni filosofías; esa persona no sigue a nadie, por eso es un revolucionario de verdad en el sentido más profundo de la palabra.

I: ¿Es una ilusión esa libertad que experimentamos a través de las distintas formas de realización personal, o esta sensación de sentirse realizado está relacionada con la creatividad de la que usted habla?

K: ¿Existe algo como la realización personal? Nosotros hemos aceptado que existe, ¿verdad? Si soy un artista, debo realizarme: si otro es escritor, debe igualmente realizarse. De diferentes maneras todos intentamos realizarnos a través de la familia, de los hijos, del esposo, de la esposa, de las posesiones, de las ideas. Si uno es ambicioso, necesita satisfacer su ambición, de lo contrario se sentirá frustrado, y en la frustración hay desdicha. Aunque todos intentamos realizarnos nunca nos preguntamos si realmente existe algo como la realización personal. Sin lugar a dudas, la frustración perseguirá a todos aquellos que busquen realizarse; es así de simple, ¿verdad? En ese intento de realización a través de nuestros hijos, nuestra esposa, una idea o acción, siempre está la sombra de la frustración y el miedo. Por tanto, es necesario comprender el miedo, la frustración, el tormento de las complicaciones psicosomáticas, etc.; uno debe cuestionar seriamente toda esta idea de que existe algo como la satisfacción personal, que es el "yo" al tratar de llegar a ser algo. Entonces, ¿podría ser el "yo" una simple ilusión, aunque sea una realidad en el sentido que interviene cuando actuamos? Para la persona ambiciosa, codiciosa, envidiosa, competitiva, el "yo" no es una ilusión, es algo muy real; sin embargo, para la persona que empieza a investigar toda esta cuestión, que realmente quiere comprender lo que es la paz, no la paz del terror, la paz de los políticos, ni la paz que viene de la satisfacción personal después de haber conseguido aquello que uno anhelaba, me refiero a esa paz en la que no hay satisfacción alguna ni esfuerzo por llegar a ser algo, esa persona experimentará "ser absolutamente nada", y en ese estado existe una creatividad intemporal. Eso que solemos llamar creatividad no es más que el proceso de aprender cierta técnica y expresarla, pero hablo de algo muy diferente, hablo de una mente en la que el "yo" no interviene en forma alguna.

I: Esa creatividad de la que usted habla ¿se limita a una recompensa de satisfacción personal, o puede también potenciar las propias capacidades para que aplicadas a cualquier logro científico sean de ayuda para el hombre?

K: Es evidente que estas preguntas «Si eso sucede, ¿qué viene luego?» las hacen personas que escuchan muy superficialmente. Como decía, la acción de un hombre que investiga y a quien se le manifiesta la realidad es muy diferente a la de otro que ha tenido un pequeño vislumbre de ese estado y trata de expresarlo. De una forma u otra, a casi todos se nos enseña alguna técnica: pintura, ingeniería, medicina, etc., que, por supuesto, es necesaria; pero limitarse a aprender la mecánica de una profesión concreta no libera ese estado creativo. Esa realidad creativa, la llamemos Dios, la verdad o como quieran, no surge a través de una técnica, sino solo cuando la mente se ha comprendido a sí misma. Y ¿se dan cuenta de lo difícil que es comprenderse uno mismo? Resulta difícil porque somos muy superficiales, no tenemos verdadero interés. Pero si están atentos, si ponen toda su atención en comprenderse, encontrarán un tesoro indestructible. No necesitarán leer ningún libro de filosofía, de psicología, de psicoanálisis, de nada, porque en uno está la humanidad entera; y a menos que se comprendan a sí mismos seguirán generando innumerables problemas y desdicha sin fin.

Ahora bien, para comprenderse uno mismo no se necesitan arranques impulsivos o conclusiones, sino una paciencia infinita. Uno debe avanzar muy despacio, milímetro a milímetro, sin saltarse un solo paso; eso no quiere decir que deba mantener una observación constante, eso es imposible; significa que uno debe observar y soltar lo que ha observado, dejar que se vaya y luego retomarlo de nuevo, de forma que la mente no convierta lo que ha aprendido en una simple acumulación, sino que sea capaz de observarlo cada vez con una mirada nueva. Si la mente es capaz de observarse y comprenderse a sí misma, entonces surge esa realidad creativa, y la mente puede usar la técnica sin generar desdicha.

I: ¿Cuál es el significado de los sueños y cómo puedo interpretarlos?

K: Me gustaría investigar profundamente esta cuestión y no tratarla de manera superficial. Espero que estén suficientemente interesados en seguir paso a paso.

La mayoría soñamos, y aunque a veces tenemos pesadillas por haber comido demasiado o por haber ingerido alimentos contraproducentes, no estoy hablando de esta clase de sueños, sino de aquellos sueños que tienen una trascendencia psicológica. En el sueño existen diferentes fases, ¿no es cierto? Cuando uno sueña, luego al despertarse trata de encontrar el significado de lo que ha soñado, es decir, lo interpreta. Esa interpretación depende de los conocimientos de uno, del propio condicionamiento, de lo que haya aprendido de diversos filósofos y psicólogos, etc., y si esa interpretación es errónea toda la conclusión también lo es. Pero también es posible que mientras uno sueñe al mismo tiempo esté interpretando el sueño, de ese modo uno se despierta con claridad, porque al haber entendido el sueño deja de interferir. No sé si les ha sucedido alguna vez.

Por consiguiente, la cuestión no es cómo interpretar los sueños, sino por qué soñamos, ¿entienden? Si interpreta sus sueños según algún psicólogo, esa interpretación dependerá del condicionamiento particular de esa persona, y si uno intenta interpretarlos por sí mismo, esa interpretación estará influida por su propio condicionamiento. En ambos casos la interpretación puede estar equivocada, y cualquier conclusión o acción basada en esa interpretación puede ser del todo falsa. Por tanto, el problema no es cómo interpretar los sueños, sino por qué soñamos. Si podemos resolver esta dificultad, entonces no será necesario interpretar; si podemos comprender realmente todo el proceso de los sueños, entonces se convertirá en una cuestión muy simple.

Y bien, ¿por qué soñamos? Por favor, examinémoslo juntos sin tener en cuenta la opinión de ninguna autoridad que haya escrito algún libro sobre este tema; si pueden, dejen a un lado todo eso e investiguemos juntos esta cuestión de forma sencilla. ¿Por qué soñamos? ¿Qué entendemos por soñar? Uno se va a la cama, se queda dormido, y mientras duerme se desarrolla una acción que toma la forma de diversos símbolos o escenas; luego, al despertar, uno se dice: «Efectivamente, he soñado con esto».

Así, ¿qué ha sucedido? Por favor, sigan esto, es muy sencillo. Cuando a lo largo del día estamos despiertos, la mente superficial se mantiene ocupada en un sinfín de cosas: el trabajo, las disputas, los hijos, el dinero, ir al mercado, lavar los platos, ya saben, estar ocupados en docenas de cosas. Pero la mente superficial no es toda la mente, también está el inconsciente, ¿verdad? No hace falta que lean un libro para saber que existe el inconsciente; nuestros motivos ocultos, nuestras respuestas instintivas, nuestras exigencias raciales, nuestras contradicciones y creencias heredadas; todo ello está en el inconsciente. Es obvio que el inconsciente quiere decirle algo a la mente superficial, y cuando la mente superficial está en silencio mientras duerme, el inconsciente trata de decírselo. También el inconsciente está en constante movimiento, solo que no tiene la oportunidad de expresarse durante el día, por eso cuando la mente consciente está dormida proyecta varios símbolos y, entonces, es cuando decimos: «He soñado». Si uno lo investiga, no es complicado entenderlo.

Ahora bien, no quiero vivir ocupado en interpretar los sueños, que es lo mismo que estar ocupado con la cocina, Dios, la bebida, las mujeres, o lo que sea. Quiero descubrir por qué sueño y si es posible dejar de soñar. Puede que los psicólogos digan que dejar de soñar es imposible, pero dejemos a los expertos con sus conocimientos y veámoslo. [*Risas.*] No, por favor, no se lo tomen a risa. ¿Qué son los sueños? ¿Es posible dejar de soñar sin reprimir los sueños ni ir más allá de ellos, de manera que mientras uno duerma la mente esté en completa calma? Quiero averiguarlo, por tanto, se trata de algo nuevo.

¿Por qué sueño? Sueño porque mi mente consciente está ocupada todo el día con infinitas cosas. Sin embargo, ¿puede la mente consciente durante el día estar tan atenta a todas las insinuaciones y advertencias inconscientes, que sea capaz de darse cuenta de los motivos inconscientes, de alcanzar a ver las cosas ocultas sin tratar de eliminarlas, cambiarlas o hacer algo con ellas? ¿Entienden? Si pueden estar simplemente atentos a toda la dificultad sin crítica ni motivo alguno; si pueden estar receptivos de tal modo que el inconsciente durante todo el día les transmita constantemente sus insinuaciones, ya sea mientras están en el autobús o conducen su automóvil, sentados a la mesa o conversando con sus amigos; si pueden observar cómo miran a alguien, cómo hablan, cómo tratan a aquellas personas que no son de su misma condición social, descubrirán que, cuando uno observa con intensidad, cada vez de forma más profunda, los sueños terminan para siempre. Entonces, ya no hay ninguna necesidad de que el inconsciente haga insinuaciones o advertencias mientras duermen para decirles lo que deben o no deben hacer, todo sale a la luz mientras viven el día a día.

Paso a paso, hemos llegado a un punto interesante, que es, cuando durante las horas del día la mente está extraordinariamente atenta, cuando observa sin juzgar ni condenar, y cuando toda la actividad de la consciencia sale a la luz, se examina y se comprende, entonces vemos que mientras dormimos existe una calma absoluta, y como consecuencia de esta calma absoluta, la mente puede llegar a profundidades que el consciente no tiene posibilidades de tocar en ningún momento. ¿Entienden? Me temo que no. Intentaré exponerlo de nuevo y espero que no les importe si terminamos un poco más tarde.

Como saben, todos buscamos la felicidad, la paz, la verdad, a Dios, etc.; existe ese constante esfuerzo para adaptarse para amar, para ser amable, para ser generoso, para rechazar eso y conseguir aquello. Por poco atentos que estemos, vemos que esto es un hecho, todo el tiempo interviene la confusión, el esfuerzo, el ajustarse, y la mente nunca puede descubrir algo nuevo en ese estado, es obvio. Pero si durante el día estoy atento a los muchos pensamientos y motivos que surgen, si me doy cuenta de que soy ambicioso, de que condeno, juzgo, critico, y veo toda esa actividad, ¿qué sucede, entonces? Mi mente deja de luchar, de ambicionar, desaparece la confusión generada por la urgencia de la búsqueda, por tanto, la mente está en completa calma, no solo la mente superficial, sino todo el contenido de la conciencia, y en ese estado de completa quietud donde no interfiere ningún movimiento de búsqueda ni esfuerzo por ser o no ser, la mente puede llegar a profundidades que son imposibles de alcanzar cuando trata de conseguir algo. Por eso es tan importante darse cuenta de los hechos sin condenarlos, mirarlos sin criticar ni juzgar; uno puede hacerlo durante todo el día, ver y soltar, de manera que la mente cuando dormimos deja de estar al servicio de las luchas, deja de captar insinuaciones que el inconsciente expresa mediante símbolos y la necesidad posterior de interpretarlos, deja de inventar la existencia de un plano astral y todas esas sandeces. Como se ha liberado de todo condicionamiento, la mente es capaz de ahondar en las profundidades que el consciente nunca podrá alcanzar durante el sueño, y al despertar se encontrará con lo "nuevo", que nunca antes ha experimentado. Es como despojarse de la carga del pasado y volver a nacer.

«Liberarse de la sociedad significa no ser ambicioso, no ser codicioso ni competitivo; significa no ser nada en relación con esta sociedad que se esfuerza por ser algo. Sin embargo, como saben, aceptar esto es muy difícil, porque uno puede ser pisoteado, marginado, quedarse sin nada. En esa nada hay sensatez, no al revés... Mientras uno siga formando parte de esta sociedad, inevitablemente generará insensatez, guerras, destrucción y desdicha. No obstante, liberarse de esta sociedad, de la violencia, de la riqueza, de la posición y del éxito, requiere paciencia, requiere investigar y descubrir, no se trata de leer libros ni de andar tras los maestros, los psicólogos, y todas esas cosas».

OCTAVA CHARLA EN OAK GROVE

28 de agosto de 1955

El individuo, lo colectivo, la libertad, lo eterno

No es fácil, según creo, diferenciar el individuo de lo colectivo, ni saber dónde termina lo colectivo y dónde empieza el individuo; tampoco es fácil ver lo que significa lo colectivo para descubrir si es posible liberarse de él, a fin de que pueda aflorar la totalidad del individuo. No sé si alguna vez han pensado en esta dificultad, pero me parece que ese es uno de los problemas más importantes que el mundo debe afrontar, especialmente en la actualidad, cuando se habla tanto de lo colectivo. No solo se trata de los países comunistas, sino también en el mundo capitalista donde se ha establecido un creciente estado del bienestar, como es el caso de Inglaterra, donde se da cada vez más importancia a lo colectivo, incrementando así las cooperativas y granjas comunitarias de diversas índoles. Al ver todo esto, uno se pregunta cuál es el papel del individuo en este escenario y si existe tal cosa como el individuo.

¿Somos realmente individuos? Puede que tengamos un nombre, una cuenta bancaria, una casa para nosotros solos, ciertos rasgos faciales y psicológicos diferentes, pero ¿somos individuos? Me parece muy importante examinar esto, porque solo cuando un individuo es incorruptible, de lo cual hablaremos en un momento, existe la posibilidad de que suceda algo enteramente nuevo. Eso supone descubrir por uno mismo dónde termina lo colectivo, si realmente termina, y dónde empieza el individuo, lo cual lleva implícita la cuestión del tiempo psicológico. Es un tema bastante complejo y por eso debemos afrontarlo de forma simple y directa, sin rodeos. Si les parece bien, me gustaría que lo investigáramos esta mañana.

Les ruego, si me permiten sugerirlo, que observen su propio pensar mientras hablo, y no se limiten a escuchar, aceptando o rechazando lo que se dice. Si meramente aceptan o rechazan lo que escuchan, desde un punto de vista superficial o intelectual, entonces esta charla y todas las anteriores no habrán servido de mucho. Sin embargo, si cada uno es capaz de observar el funcionamiento de su propia mente a medida que lo expongo, entonces, esa misma observación generará una acción asombrosa que no es una acción impuesta o de persuasión.

Me parece muy importante que cada uno de nosotros descubra dónde termina lo colectivo y dónde empieza el individuo. Porque, aunque modificado por nuestro temperamento, por ciertas idiosincrasias personales, etc., ¿no es todo nuestro pensar, todo lo que somos el resultado de lo colectivo? Lo colectivo es un conglomerado de varios condicionamientos establecidos por las acciones y reacciones sociales, por las influencias de la educación, de las creencias, de dogmas, de principios religiosos, y tantos otros factores más. Todo este heterogéneo proceso es lo colectivo y, si uno lo examina, si se observa a sí mismo, verá que todo lo que piensa, las propias creencias o no creencias, los ideales opuestos a otros ideales, los esfuerzos, las envidias, los anhelos, el sentido de responsabilidad social, todo eso es el resultado de lo colectivo. Si uno es pacifista, ese pacifismo es el resultado de un determinado condicionamiento.

Así pues, si nos miramos a nosotros mismos, veremos con asombro que somos exactamente lo colectivo. Al fin y al cabo, han crecido con ese condicionamiento concreto del mundo occidental, donde el cristianismo existe desde hace tantos siglos, donde se les ha educado como católicos o como protestantes con sus muchas ramificaciones internas. Una vez educados como cristianos, como hindúes o como lo que sea, al creer en todo ese sinsentido del infierno, de ser condenado, del purgatorio, de un único salvador, del pecado original, y tantas otras creencias dogmáticas, están condicionados por todo eso y, aunque puede que discrepen, ese condicionamiento sigue en el inconsciente. Por lo tanto, vivirán siempre con temor al castigo, al infierno o a no creer en un único salvador, etc.

De modo que, viendo todo este extraordinario fenómeno, parece bastante absurdo que uno se considere a sí mismo un individuo; por más que cada uno de nosotros tenga ciertas preferencias personales, que el rostro y el nombre sean distintos de otro, la totalidad del proceso del pensamiento es, sin duda, un producto de lo colectivo. Los instintos raciales, las tradiciones, los valores morales, el enorme culto al éxito, el ansia de poder, de posición y riqueza, que inevitablemente generan violencia, todo esto es el resultado de lo colectivo que hemos heredado a lo largo de los siglos. Por consiguiente, ¿puede el individuo salirse de todo este conglomerado o es realmente imposible? Si de verdad somos serios al tratar de producir un cambio radical, una revolución, ¿no creen que es importante considerar este punto básico? Porque solo el ser humano que sea un individuo, en el sentido en el que empleo esa palabra, que no esté contaminado por lo colectivo, que esté solo por completo, no que se sienta solo, sino que internamente esté completamente solo, solo a ese individuo la realidad se le manifestará.

En otras palabras, desde sus inicios nuestras vidas dependen de suposiciones y postulados, de si Dios existe o no, de si hay un cielo y un infierno, de si debemos relacionarnos de cierta manera y en base a cierta moralidad, de que debe prevalecer determinada ideología, etc. Con todas esas suposiciones, que son producto de lo colectivo, establecemos una estructura que llamamos educación, que llamamos religión, y creamos un sociedad en la que, o bien reina a sus anchas un individualismo salvaje, o bien es controlado. Esta sociedad se basa en la suposición de que la competitividad es inevitable y necesaria, que la ambición y la envidia son imprescindibles. En lugar de edificar la sociedad sobre la base de alguna suposición, ¿se puede edificar a medida que investigamos y descubrimos? Si ese descubrir depende de otra persona, entonces de nuevo entramos en el terreno de lo colectivo, a saber el terreno de la autoridad; pero si cada uno de nosotros empieza en libertad, sin depender de todas esas suposiciones, de todos esos postulados, entonces usted y yo crearemos una sociedad totalmente diferente, y considero que en la actualidad esta es una de las cuestiones más importantes.

Por tanto, cuando vemos todas estas dificultades, no solo en el nivel consciente, sino también en el nivel inconsciente, siendo el inconsciente el residuo de lo colectivo, ¿es posible salvar al individuo? Lo cual significa: ¿es posible pensar si eliminamos de nuestro pensamiento lo colectivo? ¿No forma parte de lo colectivo todo nuestro pensar? Si nos han educado como católicos, metodistas, baptistas, o lo que sea, consciente o inconscientemente nuestro pensar es el resultado de lo colectivo, es el resultado de la memoria y la memoria es colectiva. Este es un asunto bastante complejo y debemos investigarlo muy despacio, sin aceptar o rechazar nada; solo estamos tratando de descubrir lo que de hecho sucede.

Decir que el pensamiento debe ser libre, me parece un gran contrasentido, porque nuestro pensar es la reacción de la memoria, y la memoria es el resultado de lo colectivo, siendo lo colectivo el ser cristiano, hindú, etc., por tanto, es imposible que el pensamiento sea libre mientras el pensar se base en la memoria. Por favor, no se trata solo de algo lógico, no lo descarten diciendo: «Muy bien, se trata simplemente de una lógica intelectual», porque no lo es, aunque puede parecerlo, solo estoy describiendo un hecho. Mientras el pensamiento sea una reacción de la memoria, la cual es el residuo de lo colectivo, la mente funcionará dentro del campo del tiempo, siendo el tiempo la continuación de la memoria en forma de ayer, hoy y mañana. Lo único que puede conocer esa mente es muerte, corrupción, miedo, y por mucho que se empeñe en buscar algo incorruptible, algo más allá del tiempo, nunca lo encontrará porque su pensamiento es un producto del tiempo, de la memoria y de lo colectivo.

De modo que ¿puede esa mente cuyo pensamiento es el producto de lo colectivo, cuyo pensamiento es lo colectivo, salirse de todo eso? Es decir, ¿puede la mente descubrir lo intemporal, lo incorruptible, eso que no depende de nada, que está libre de la influencia de cualquier sociedad? No lo afirmen ni lo nieguen, no digan: «Ya he tenido una experiencia semejante», lo cual no tiene ningún sentido porque en realidad es una cuestión increíblemente compleja. Estamos diciendo que mientras la mente opere en el ámbito colectivo, habrá corrupción, aunque invente un nuevo código de moralidad, o introduzca nuevas reformas sociales, todo seguirá estando bajo la influencia de lo colectivo y, por tanto, habrá corrupción. Es obvio que, para descubrir si existe un estado incorruptible, intemporal o inmortal, la mente debe estar libre de lo colectivo, y si está totalmente libre de lo colectivo, ¿irá ese individuo en contra de lo colectivo, o más bien no se opondrá a lo colectivo, sino que actuará en un plano completamente diferente que, tal vez, lo colectivo no está dispuesto a aceptar? ¿Están siguiendo todo esto?

La cuestión es: ¿puede la mente ir más allá de lo colectivo? Si eso es imposible, entonces tendremos que conformarnos con decorar lo colectivo: abrir las ventanas de la cárcel, mejorar la iluminación, construir más baños, etc. Estas son las cosas que interesan al mundo, un nivel de vida más alto al que llaman progreso. No estoy en contra de que mejore el nivel de vida, sería una estupidez, especialmente si uno ha nacido en la India donde la indigencia alcanza unas dimensiones que no se ven en ninguna otra parte del mundo, salvo quizá en China, donde la gente solo tiene media ración de comida al día, o ni siquiera eso, donde hay desolación, sufrimiento, enfermedades y la imposibilidad de rebelarse porque están muertos de hambre. Nadie que sea inteligente puede oponerse a que mejore el nivel de vida, pero si eso es todo, la vida se convierte en algo puramente materialista, y el sufrimiento es inevitable. Entonces la ambición, la competitividad, el antagonismo, la eficiencia despiadada, la guerra y toda la estructura del mundo moderno, con sus esporádicas revoluciones y reformas sociales, son perfectamente aceptadas. No obstante, si empezamos a investigar el problema del sufrimiento, del sufrimiento como muerte, como frustración, como la oscuridad de la ignorancia, y no solo ciertas partes, no solo el ejército o el gobierno, en ese momento no podemos dejar de cuestionar el sentido de toda la estructura para ver si es posible una reforma definitiva. O aceptamos esta sociedad tal como es o la rechazamos completamente; no la rechazamos en el sentido de escapar de ella, sino en el sentido de descubrir su verdadera razón de ser.

Es decir, si no existe ninguna posibilidad de que la mente se libere a sí misma de la cárcel de lo colectivo, entonces lo único que puede hacer es dejar de intentarlo y seguir reformando la cárcel. Sin embargo, creo que esa posibilidad existe, porque limitarse a esforzarse continuamente dentro de la cárcel resulta bastante absurdo. Por consiguiente, ¿cómo se liberará la mente a sí misma de todo lo acumulado, de los valores y las contradicciones, de los logros y de las demandas? Hasta que no lo haga no habrá individualidad. Por mucho que uno se considere a sí mismo un individuo, que diga que tiene un alma, un "yo" superior, todo eso son invenciones de una mente que sigue formando parte de lo colectivo.

Podemos ver lo que sucede en el mundo. Dentro de lo colectivo existe un nuevo grupo que niega la existencia del alma, niega la inmortalidad, la continuidad, niega que Jesús sea el único salvador, etc. Y cuando uno ve este conjunto de afirmaciones y negaciones, inevitablemente surge la pregunta, ¿es posible que la mente se libere de todo eso? O sea: ¿puede la mente liberarse del tiempo, del tiempo como memoria que es el producto de cualquier sociedad, civilización o condicionamiento? ¿Puede la mente liberarse de toda esa memoria? No de la memoria necesaria para construir un puente, de la estructura del átomo, o del camino para regresar a casa; esta memoria es factual y sin ella nos volveríamos locos o estaríamos en estado de amnesia. Pero ¿puede la mente liberarse de la memoria psicológica? Es evidente que solo puede liberarse cuando deja de buscar seguridad, porque después de todo, como decíamos ayer por la tarde, mientras la mente busque seguridad, ya sea en una cuenta bancaria, en una religión o en distintas formas de relación y de acción social, habrá violencia. El hombre rico genera violencia, pero el hombre que deja su riqueza para hacerse ermitaño también genera violencia, porque él también busca seguridad, no en los bienes mundanos, sino en las ideas.

Así que la cuestión es: ¿puede la mente liberarse de la memoria, no la memoria de los hechos, de los conocimientos técnicos y de la información necesaria, sino de la memoria colectiva que ha acumulado a lo largo de siglos de creencias? Si se hacen esta pregunta a sí mismos y ponen toda su atención sin esperar que yo la responda, porque no tienen una repuesta concreta, entonces verán que mientras la mente busque cualquier seguridad seguirán formando parte de lo colectivo, de la memoria acumulada de siglos. Sin embargo, es muy difícil no buscar seguridad, porque uno puede rechazar lo colectivo y desarrollar otro colectivo constituido por las propias experiencias, ¿entienden? Puedo rechazar la sociedad con toda su corrupción, ambición, codicia y su competitividad colectiva, pero aunque la rechace tengo mis propias experiencias y cada una de ellas deja un residuo que se convierte en el colectivo que yo mismo acumulo; de modo que esas experiencias son ahora mi seguridad, y al transmitirlas a mi hijo, a mi vecino, estoy creando un nuevo colectivo basado en un modelo diferente.

Y bien, ¿puede la mente liberarse por completo de la memoria colectiva? Eso significa liberarse de la envidia, de la competitividad, de la ambición, de la dependencia, de la interminable búsqueda de permanencia como medio de seguridad, porque solo cuando esa libertad sea una realidad el individuo podrá existir; entonces la mente y el ser entero alcanzarán un estado totalmente diferente; entonces no habrá posibilidad de corrupción, de que exista el tiempo psicológico, y para esa mente que podemos llamar individual o cualquier otro nombre, la realidad se manifestará. Uno no puede perseguir esa realidad; si lo hace, la convierte en su seguridad, y, por tanto, se trata de una realidad falsa, insignificante, al igual que perseguir dinero, ambicionar o realizarse. La realidad debe venir a uno, y no vendrá mientras exista la corrupción de lo colectivo. Por ese motivo, la mente debe estar completamente sola, libre de influencias, de corrupción y, en consecuencia, libre del tiempo psicológico, porque solo entonces aquello que es inconmensurable, intemporal, se manifestará.

Me han hecho llegar muchas preguntas y lamentablemente no me será posible responderlas todas. Lo que hemos hecho ha sido seleccionar las más representativas, de modo que intentaré esta mañana responder tantas como sea posible.

Espero que no sientan que les estoy hipnotizando. Por favor, lo que estoy exponiendo es muy importante, no hablo por hablar; de modo que escuchen en silencio. Pero si ese silencio es el resultado de sentirse dominados por otra persona o por ciertas ideas, entonces no tendrá ningún valor; sin embargo, si su silencio es el resultado natural de la atención con la que observan sus propios pensamientos y su propia mente, entonces no serán hipnotizados, no crearán un nuevo colectivo, un nuevo grupo de seguidores, un nuevo líder, todo lo cual es un horror, no tiene sentido alguno y es muy destructivo.

Si están realmente atentos, observando lo interno, verán que estas charlas resultarán valiosas porque les mostrarán el funcionamiento de sus propias mentes. A partir de ahí, no tienen nada que aprender de otro, eso significa que no hay maestro, ni discípulo, ni nadie a quien seguir. Todo está contenido en la conciencia de cada uno y el simple hecho de describirlo no significa que uno sea un líder, nadie rinde culto a un mapa, a un teléfono o a lo que se ha escrito en una pizarra. De modo que esto no es la creación de un nuevo grupo, de un nuevo líder, de nuevos seguidores, al menos no lo es para mí; si lo crean, será su propia desdicha. Pero si observan sus propias mentes, que es lo que está escrito y dice la pizarra, entonces esa observación conduce a un descubrimiento extraordinario, y ese descubrimiento tiene su propia acción.

INTERLOCUTOR: Muchas personas que vivieron la terrible experiencia de la guerra no parecen ser capaces de encontrar un lugar en el mundo moderno. Sacudidos por las olas de esta sociedad caótica, pasan de una ocupación a otra, llevando una vida desdichada. Yo soy una de esas personas, ¿qué puedo hacer?

KRISHNAMURTI: Si se vive en rebeldía contra la sociedad, ¿qué sucede generalmente? Debido a las presiones, a las necesidades, la persona se amolda a cierto modelo social y, como consecuencia, vive en una eterna lucha consigo misma y con la sociedad. La sociedad le ha convertido en lo que es, ha provocado guerras y destrucción; esa cultura está basada en la envidia y el caos, sus religiones no hacen que el hombre sea religioso, sino todo lo contrario, destruyen a la persona religiosa. Ante esa situación, ¿qué puede hacer un individuo? Destrozado por la guerra, tanto si se vuelve neurótico como si acude a alguien que le ayude a no convertirse en un neurótico y a encajar en el modelo social, seguirá en una sociedad que cultiva la locura, las guerras y la corrupción. O también, lo cual es realmente difícil, puede observar la estructura completa de la sociedad y liberarse de ella. Liberarse de la sociedad significa no ser ambicioso, no ser codicioso, ni competitivo; significa no ser nada en relación con esta sociedad que lucha por ser algo. Pero, como sabe, aceptar esto es muy difícil porque puede ser que le pisoteen, que le marginen, que no tenga nada. Pero en ese ser nada hay sensatez, no así en el ser algo. En el momento en que comprenda esto, en el momento en que sea nada, la vida le cuidará; lo hará, algo sucederá. Pero eso requiere una profunda percepción interna de toda la estructura de la sociedad. Mientras uno sea parte de la sociedad, seguirá generando desequilibrio, guerras, destrucción y desdicha. Ahora bien, para liberarse de la sociedad, de esa sociedad de la violencia, de la riqueza, de la posición y del éxito, se requiere paciencia, investigar y descubrir, no se trata de leer libros, de andar detrás de maestros, de psicólogos ni del resto de estas cosas.

I: Estoy desconcertado por algo que dijo durante la charla de la semana pasada, «una mente completamente controlada». ¿No implica eso la acción de la voluntad o de una entidad que controla?

K: Utilicé la expresión «una mente controlada», y creí haber explicado a qué me refería; pero veo que no se entendió, así que volveré a exponerlo.

¿No les parece necesario tener una mente realmente estable, una mente sin distracciones y no una mente controlada? Escuchen esto, por favor. Una mente sin distracciones es una mente que no tiene un interés concreto, porque si tiene un interés concreto, entonces aparecen las distracciones; sin embargo, una mente que está completamente atenta, no atenta a un objeto concreto, es una mente estable.

Examinemos de forma breve toda esta cuestión del control. Cuando hay control, inevitablemente existe una entidad que controla, que domina, que idealiza o busca sustitutos, por tanto, el control siempre implica un proceso dual, uno que controla y la cosa controlada; en otras palabras, hay conflicto. Sin duda, se habrán dado cuenta de esto, está el controlador, el valorador, el juez, el experimentador, el pensador y en oposición está aquello que se examina, se controla, se reprime, se sublima, etc. De modo que siempre existe una lucha entre ambos, entre el que realmente "es" y el que dice que "debe ser"; esa contradicción, ese conflicto es un desperdicio de energía. Así que uno debe preguntarse: ¿es posible quedarse solo con el hecho sin que aparezca el controlador? O sea: ¿puedo ver que soy envidioso sin decir que está mal ser envidioso, que es antisocial, poco espiritual y, por tanto, que debo eliminarlo? ¿Puede esa entidad que valora desaparecer por completo, de modo que solo quede el hecho? ¿Puede la mente mirar el hecho sin valorarlo, sin opinar? Porque si se introduce una opinión del hecho, entonces aparece la confusión y el conflicto. Espero que estén siguiendo todo esto.

Así que la confusión es un desperdicio de energía y la mente seguirá confusa mientras afronte los hechos con una conclusión, con una idea, una opinión, un juicio o una condena. Sin embargo, cuando la mente percibe la verdad de un hecho sin que intervenga ninguna opinión, entonces solo está la percepción del hecho, y como resultado surge una extraordinaria estabilidad y sutileza, porque no hay ninguna intención de modificar nada, ningún escape, ningún juicio, ningún conflicto en el cual la mente malgaste su energía, de manera que solo existe el pensar sin un pensador. Experimentar esto no es nada fácil.

Observen lo que sucede. Cuando contemplan una puesta de sol, en el mismo momento de contemplarla no interviene ningún experimentador, ¿verdad? Lo único que existe es esa sensación de enorme belleza. A continuación la mente dice: «Qué hermosa ha sido, me gustaría volver a verla»; así es como empieza el conflicto del experimentador que quiere más. Ahora bien, ¿puede la mente estar en un estado de experimentar sin la intervención del experimentador? Porque el experimentador es la memoria, es lo colectivo. ¡Lo han captado! O sea, ¿puedo contemplar la puesta de sol sin comparar, sin decir «Qué hermosa es, desearía volver a verla de nuevo»? Ese "más" crea el tiempo psicológico que implica el miedo a terminar, el miedo a la muerte.

I: ¿Existe alguna diferencia entre la mente y el "yo"? Si no la hay, ¿cómo puede uno liberar a la mente del "yo"?

K: ¿Existe alguna diferencia entre el "yo", el ego y la mente? Es evidente que no. La mente es el ego, es el "yo". El ego, el ""yo", es esa necesidad de envidia, de crueldad, de violencia, esa falta de amor, esa constante búsqueda de prestigio, posición, poder, de llegar a ser algo, que es exactamente lo que la mente también hace, ¿no es cierto? La mente siempre piensa en cómo progresar, en cómo tener más seguridad, en una posición mejor, en más bienestar, mayores riquezas, mayor poder, todo lo cual es el "yo". Por tanto, la mente es el "yo", el "yo" no está separado, aunque nos guste pensar que está separado, porque entonces la mente puede controlar al "yo", puede jugar ese juego una y otra vez, dominando, intentando hacer algo con respecto al "yo", que es el juego inmaduro de una mente educada, educada en el sentido erróneo de esta palabra.

De manera que la mente es el "yo", es toda esa estructura de la codicia, y la dificultad es: ¿cómo puede la mente liberarse a sí misma? Por favor, sigan esto. Cualquier actividad que haga para liberarse seguirá siendo la acción del "yo", ¿no es cierto?

Por consiguiente, mi mente y yo somos lo mismo, no existe ninguna división entre ambos. El "yo", que es envidioso y ambicioso, es exactamente la misma entidad que dice: «No debo ser envidioso», «Debo ser noble», solo que la mente se ha dividido a sí misma. Entonces, al ver todo esto, ¿qué puedo hacer? Si la mente es el producto del entorno, de la envidia, de la codicia, del condicionamiento, ¿qué puede hacer? No hay duda de que cualquier acción que emprenda para liberarse seguirá siendo parte del condicionamiento. ¿Están de acuerdo? ¿Lo entienden? Cualquier movimiento por parte de la mente para liberarse de su condicionamiento es una acción del "yo" que quiere ser libre para sentirse más feliz, para tener más paz, para estar más cerca de la diestra de Dios. Al darme cuenta de todos los movimientos y trucos de la mente, al verlos, la mente se aquieta, permanece en completo silencio, sin movimiento alguno; y en ese silencio, en esa quietud es donde la mente se libera del "yo", se libera de sí misma. De hecho, el "yo" solo existe cuando la mente quiere conseguir o rechazar algo, pero si no interviene ningún movimiento para obtener o evitar algo, la mente permanece en completa calma. Únicamente entonces existe la posibilidad de liberarse de toda la consciencia, tanto de lo colectivo como de la resistencia a lo colectivo.

I: Tras experimentar seriamente con sus enseñanzas durante una serie de años, he llegado a darme plena cuenta de la naturaleza parasitaria de la consciencia de uno, y veo cómo sus tentáculos manipulan cada uno de mis pensamientos, palabras y hechos. Como consecuencia, he perdido toda seguridad en mí mismo y también toda motivación. El trabajo se ha convertido en monótono, lento y aburrido. El sufrimiento psicológico es casi constante, aunque sé que incluso este dolor es una maniobra del "yo". De modo que he llegado a un punto muerto en todos los aspectos de mi vida y, de la misma manera que me lo he preguntado a mí mismo, le pregunto a usted: ¿y ahora, qué?

K: ¿Está experimentando con mis enseñanzas o lo está haciendo consigo mismo? Espero que vea la diferencia. Si lo que hace es poner a prueba lo que yo digo, entonces es normal que pregunte: «¿Y ahora, qué?», eso indica que está intentando conseguir un resultado que cree que yo tengo; piensa que tengo algo que usted no tiene, y que si experimenta lo que yo digo también lo obtendrá. Esto es lo que hacemos la mayoría, abordamos estas cuestiones con una actitud mercantilista, haré esto para lograr aquello; rezaré, meditaré, me sacrificaré a fin de conseguir algo.

En cualquier caso, no está practicando "mis enseñanzas", yo no tengo nada que decir. O mejor dicho, lo único que estoy diciendo es que observe su propia mente, que vea a qué profundidad es capaz de llegar su mente; por tanto, lo importante no son las enseñanzas, sino uno mismo. Lo importante es que descubra por sí mismo cómo funciona su pensamiento y lo que representa pensar, tal como he mostrado a lo largo de la mañana. Si de verdad observa su pensamiento, si le presta atención, si experimenta y descubre, si lo suelta y cada día muere a todo lo que ha acumulado, entonces nunca preguntará: «¿Y ahora, qué?».

Como sabe, tener confianza es muy diferente de sentirse seguro de uno mismo. La confianza que surge cuando uno descubre de momento a momento es muy diferente de sentirse seguro de uno mismo como consecuencia de acumular lo que descubre, lo cual se convierte en conocimiento y hace que uno se sienta importante. ¿Se da cuenta de la diferencia? Si la ve, entonces el problema de la falta de seguridad en sí mismo desaparece por completo; lo único que existirá será el movimiento constante del descubrir, del leer y comprender, no de un libro, sino de su propia mente, de la totalidad, de la enorme estructura de la consciencia. A partir de ahí, dejará de buscar resultados, porque solo cuando intenta conseguir un resultado, dice: «He estado haciendo todo esto y no he conseguido nada; he perdido la seguridad en mí mismo, ¿y ahora, qué?». Mientras que si examina y comprende las actividades de su propia mente sin buscar una recompensa, sin perseguir un fin y sin la motivación del logro, entonces se conocerá a sí mismo y verá como de ese conocimiento nace algo increíble.

I: ¿Cómo puede uno impedir que el darse cuenta se convierta en una nueva técnica, en la última moda en meditación?

K: Debido a que se trata de una cuestión muy seria, voy a examinarla con mucho cuidado y espero que no estén demasiado cansados para seguir con atención y sin esfuerzo el funcionamiento de sus mentes.

Meditar es importante, pero más importante todavía es comprender lo que es la meditación, porque de lo contrario la mente se queda atrapada en el simple aspecto técnico. Ni aprender una nueva técnica de respiración, ni sentarse en cierta postura, ni mantener la espalda erguida o practicar uno de los diversos sistemas para silenciar la mente es importante. Lo importante es descubrir qué es la meditación, porque en el mismo descubrir lo que es la meditación, estoy meditando, ¿entienden? Tómenlo con calma, señores; no se trata de que estén o no de acuerdo.

Meditar tiene una importancia enorme, si no saben lo que es la meditación es como tener una flor sin perfume. Puede que tengan una gran habilidad para hablar, para pintar o para disfrutar de la vida; puede que tengan conocimientos enciclopédicos y sepan coordinar esta información, pero todas estas cosas no tienen ninguna importancia si no saben lo que es la meditación. La meditación es el perfume de la vida y su belleza es inmensa, abre puertas que la mente nunca puede abrir, llega a profundidades que la mente culta nunca puede alcanzar. Así pues, la meditación es muy importante. Lo que sucede es que continuamente formulamos preguntas incorrectas y por eso obtenemos respuestas erróneas. Decimos: «¿Cómo debo meditar?», y acudimos a algún *swami*, a alguna persona insensata, ojeamos un libro o seguimos algún sistema con la esperanza de aprender cómo meditar. Sin embargo, si dejamos a un lado todo eso, los *swamis*, los yoguis, los intérpretes, los expertos en respiración, el "sentarse inmóvil", y todo eso, entonces es inevitable preguntarse: ¿qué es la meditación?

De manera que, por favor, escuchen con atención porque no estamos preguntando cómo meditar o cuál es la técnica del darse cuenta, sino ¿qué es la meditación? Esa es la pregunta correcta. Si hacen una pregunta incorrecta conseguirán una respuesta incorrecta, pero si hacen la pregunta correcta, entonces esa misma pregunta revela la respuesta correcta. Y bien, ¿qué es la meditación? ¿Saben lo que es la meditación? No repitan lo que han escuchado decir a otros, incluso si conocen, como yo conozco, a alguien que durante veinticinco años se ha dedicado a la meditación. Entonces, ¿saben lo que es la meditación? Es evidente que no lo saben, ¿verdad? Tal vez, hayan leído lo que sacerdotes, santos o ermitaños han dicho sobre la contemplación y la oración, pero no me refiero a todo eso, estoy hablando de la meditación, no del significado que le da el diccionario a esta palabra, que luego más tarde pueden consultar. Así pues, ¿qué es la meditación? No lo saben; pues esa es precisamente la base para poder meditar. [*Risas.*] Escuchen, por favor, no se rían. ¿Se dan cuenta de la belleza de la expresión «no sé»? Significa que mi mente se ha despojado de todas las técnicas, de toda la información sobre la meditación, de todo lo que otros han dicho; en ese momento mi mente no sabe. Solo es posible empezar a descubrir lo que es la meditación cuando pueden decir con toda sinceridad que no saben; y no podrán decir «no sé» si en su mente tienen información limitada y de segunda mano de lo que la Gita, la Biblia o san Francisco dijeron sobre la contemplación o los resultados de la oración; esa es ahora la última moda, todos los periódicos lo comentan. Deben desechar todo eso, porque si imitan, si siguen, regresarán a lo colectivo.

Así pues, ¿puede la mente estar en ese estado de decir «no sé»? Ese estado de no saber es el principio y el fin de la meditación, porque en ese estado toda experiencia se comprende y no se acumula, ¿entienden? Seguramente han intentado controlar sus pensamientos, y cuando lo hacen, cuando mantienen alejada cualquier distracción, toda su energía se centra en controlar, no en el pensar, ¿siguen? Pero solo es posible reunir toda la energía cuando no la disipamos en controlar, en reprimir, en luchar contra las distracciones, en suposiciones, motivaciones o búsquedas; esa enorme acumulación de energía, de pensamiento, no es un movimiento, ¿lo entienden? Cuando dicen «no sé», no interviene ningún movimiento del pensar, ¿no es cierto? El pensamiento solo interviene cuando empiezan a querer saber, a inquirir, y el inquirir se mueve de lo conocido a lo conocido. Si no lo captan, quizá puedan reflexionar acerca de ello más tarde.

La meditación es un proceso de purificación de la mente. Pero esa purificación de la mente solo es posible cuando no existe ningún controlador, porque en el control, el controlador disipa la energía; y la energía se disipa como consecuencia del conflicto entre el controlador y el objeto que desea controlar. Ahora bien, cuando uno dice «no sé», el movimiento del pensamiento no interviene en ninguna dirección intentando encontrar una respuesta, la mente está en completo silencio; y para que la mente esté en silencio, se necesita una energía extraordinaria. La mente no puede estar en silencio si no tiene energía, pero no se trata de la energía que la mente disipa en el conflicto, en la represión, en el dominio, en la oración, en la búsqueda, en el implorar, porque todo eso tiene como base el movimiento, sino esa energía que es atención total. Es decir, todo movimiento del pensar en cualquier dirección disipa energía, y para que la mente esté en completo silencio, se necesita la energía de la atención total. Solo entonces se hace realidad aquello que no puede ser invitado, que no puede buscarse, que no depende de respetabilidad alguna, que no puede conseguirse mediante el cultivo de la virtud ni del sacrificio. Ese estado es creatividad, es lo intemporal, lo real.

* * *

Fundaciones

El legado que Jiddu Krishnamurti dejó en sus enseñanzas forma parte de la responsabilidad de las fundaciones creadas como iguales por él, con el propósito de preservar la integridad de lo que él expresó durante muchos años y en diferentes lugares del mundo.

Las siguientes fundaciones creadas por J. Krishnamurti son las únicas instituciones responsables de la preservación y difusión de sus enseñanzas:

Krishnamurti Foundation Trust – KFT
www.kfoundation.org – kft@brockwood.org.uk
Krishnamurti Foundation of America – KFA
www.kfa.org – kfa@kfa.org
Krishnamurti Foundation India – KFI
www.kfionline.org – kfihq@airtelmail.in
Fundación Krishnamurti Latinoamericana – FKL
www.fkla.org – fkla@fkla.org

Para la consulta y lectura de charlas y diálogos de Krishnamurti, pueden adquirir la nueva versión del cedé o acceder a la nueva web www.jkrishnamurti.org, proyecto común de las cuatro fundaciones.

Estas fundaciones se responsabilizan y garantizan la autenticidad e integridad de los contenidos de todas las publicaciones realizadas por ellas, libros, vídeos, casetes, devedés, etc. Para cualquier duda o consulta, rogamos contactar con cualquiera de estas fundaciones.